なるにはBOOKS 130

検察官になるには

飯島一孝 著
最高検察庁 協力

ぺりかん社

はじめに

この本を書くにあたって私は、検察庁を職場に選んだ十数人にインタビューをしました。年齢《ねんれい》は20代から50代まで、立場は、最高検察庁の部長検察官から地方検察庁の新任検事、さらには副検事や検察事務官と、多種多様です。すべての方に「なぜ検察の仕事を選んだのですか」と尋《たず》ねてみました。

もっとも多かったのは「自分が主体的に動くことができ、事件の真相にいちばん近づけると思ったから」という答え。ついで多かったのは「社会正義が実現できると思った」でした。ほかにも「やりがいがあると思った」「ビジネスの場よりも検察という仕事のほうに関心があった」という答えもありました。「裁判官と検察官のどちらを選ぶか悩《なや》んだが、裁判官は他人が出した証拠《しょうこ》を判断する仕事なので、真相を追求できる検察官に決めた」という気概のある検察官もいました。

最近では、テレビや映画で犯罪をテーマにしたドラマが人気を得ています。警察官や検察官を主人公としたものも多くあります。その背景には、人びとの正義への共感、ものごとを正す仕事人へのあこがれと期待があるのではないでしょうか。身近な犯罪から、一般《いっぱん》人には伺《うかが》い知れない巨大な権力者の不正まで、許されない犯罪にひるむことなく対峙《たいじ》し、闘《たたか》っていく存在が望まれているのだと思います。

検察官はまさに、事件の真相にもっとも近づくことができる存在です。検察庁の一員として働き、上司の指示を受け、検察という組織の支援《しえん》のもと全国単位で機能していますが、事件を担当した検察官が自主的に行動し独自に判断する独立性をも、もっています。

検察官は公務員ですが、聞くところによると職場は家庭的な雰囲気《ふんいき》で、特に地方は人数が少ないこともあって、和気藹々《わきあいあい》と仕事をしているようです。また、法務省だけではなく、欧米《おうべい》の大使館などへ出向する検察官も少なくないといいます。外の空気にふれる機会が多い官庁でもあるのです。人と対する職業である以上、そこで働く人たちもまた、人間味にあふれているようです。私も若いころ、事件記者として検察官のお宅を夜討ち・朝駆《あさが》けした経験がありますが、みな洗練されユーモアのセンスもある方々と、感心した記憶《きおく》があります。

あなたが最難関の資格試験と言われる司法試験に合格したとします。裁判官、検察官、弁護士のいずれにもなれます。さて、あなたはどの職業を選びますか？　この本を読んで、検察官の魅力的《みりょくてき》な仕事ぶりに関心をもっていただければ幸いです。

著者

検察官になるには　目次

［3章］ なるにはコース

※本書に登場する方々の所属などは、取材時のものです。

［装丁］図工室　［カバーイラスト］カモ　［本文写真］編集部

「なるにはBOOKS」を手に取ってくれたあなたへ

「働く」って、どういうことでしょうか?

「毎日、会社に行くこと」「お金を稼《かせ》ぐこと」「生活のために我慢《がまん》すること」。

どれも正解です。でも、それだけでしょうか? 「なるにはBOOKS」は、みんなに「働く」ことの魅力《みりょく》を伝えるために1971年から刊行している職業紹介《しょうかい》ガイドブックです。

各巻は3章で構成されています。

[1章] ドキュメント 今、この職業に就いている先輩《せんぱい》が登場して、仕事にかける熱意や誇《ほこ》り、苦労したこと、楽しかったこと、自分の成長につながったエピソードなどを本音で語ります。

[2章] 仕事の世界 職業の成り立ちや社会での役割、必要な資格や技術、将来性などを紹介《しょうかい》します。

[3章] なるにはコース なり方を具体的に解説します。適性や心構え、資格の取り方、進学先などを参考に、これからの自分の進路と照らし合わせてみてください。

この本を読み終わった時、あなたのこの職業へのイメージが変わっているかもしれません。

「やる気が湧《わ》いてきた」「自分には無理そうだ」「ほかの仕事についても調べてみよう」。

どの道を選ぶのも、あなたしだいです。「なるにはBOOKS」が、あなたの将来を照らす水先案内になることを祈っています。

1章

ドキュメント

正義の心で捜査する！

ドキュメント 1 地方検察庁刑事部の検察官

事件の現場にも立ち会う刑事部の検察官

東京地方検察庁刑事部《とうきょうちほうけんさつちょうけいじぶ》
中畑知之《なかはたともゆき》さん

中畑さんの歩んだ道のり

1975年福岡《ふくおか》県生まれ。早稲田《わせだ》大学法学部卒業後、司法試験に合格。1年半の司法修習を経て2001年10月、検事に任官。54期。大阪《おおさか》地検を振《ふ》り出《だ》しに長崎《ながさき》地検佐世保《させぼ》支部、東京《とうきょう》地検、横浜《よこはま》地検、福島《ふくしま》地検会津若松《あいづわかまつ》支部長などを歴任。その後、静岡《しずおか》地検、名古屋《なごや》地検、同岡崎《おかざき》支部、千葉《ちば》地検を経て2018年4月から現職。主に刑事《けいじ》部《ぶ》で捜査《そうさ》の現場を歩いてきた。

本部係の検事の仕事

東京・霞《かすみ》が関《せき》の官庁街に法務省、裁判所、検察庁などの高層ビルが建《た》ち並《なら》ぶ。その一角、東京地方検察庁の5階に都内の刑事《けいじ》事件を扱《あつか》う刑事部《けいじぶ》がある。

中畑知之検事は刑事部《けいじぶ》本部係を担当している。机の上にはパソコンと六法全書が置かれ、しょっちゅうかかってくる電話に応対しながら、インタビューに答えてくれた。

警察では殺人事件などの凶悪《きょうあく》犯罪が起きると、事件現場を管轄《かんかつ》する警察署に捜査《そうさ》本部を設置、多数の警察官を動員して捜査《そうさ》に当たる。そのさい、警察署を管轄《かんかつ》する地方検察庁では、本部係の検事を当てて捜査《そうさ》をフォローしている。

検察庁職員の出勤時間は原則午前9時半となっているが、本部係は午前9時には出勤して待機する。大きな事件が起きると、立会事務官らを連れて現場に直行しなければならないからだ。そして警察官といっしょに検視の立ち会いをしたり、捜査《そうさ》本部で行われる打ち合わせに出たりする。

中畑さんは「われわれも主体的に事件にかかわって、警察と協力して事件を解決するのです」と力を込《こ》めた。

本部係は午前中、警察から捜査《そうさ》報告を受けて上司にこまめに報告に行く。また、自分で必要な書類をつくったり、被疑者《ひぎしゃ》を取り調べたりすることもある。

「本部係になると私が遠出できなくなるだけでなく、家族での長期旅行もできません。子どもが2人いますが、子どもと私だけで外へ遊びにも行けないんですよ。何かあればすぐに駆《か》けつけなければいけませんから。これが結構大変ですね」と中畑さんは言う。

真相を解明するために工夫

東京地検の前は千葉地検刑事部《けいじぶ》に勤務し、今と同様、本部係を担っていた。ここで、忘れられない事件に出合った。千葉県内で、小学生の女児が殺された事件だ。

捜査《そうさ》資料のひとつとして、警察は膨大《ぼうだい》な量の防犯カメラの映像を押収《おうしゅう》してくる。そのなかから被害者《ひがいしゃ》でないものを除外するために、女児の背格好に似た子どもの写真が必要だった。ところが、警察ではそういう子どもの写真を準備できないと言われ、中畑さんはとっさに「じゃあ、うちの娘《むすめ》の写真を使いましょう」と提案した。

すぐ帰宅して元検察事務官の妻にその話をすると、「いいよ」と即決《そっけつ》。当時小学生だった娘《むすめ》を、撮影《さつえい》のために朝早く起こして車に乗せた。娘《むすめ》も怒《おこ》るどころか協力的で、撮影《さつえい》もうまくいき、被疑者《ひぎしゃ》を特定することができた。

それ以来、娘《むすめ》は事件発生の連絡《れんらく》がかかっ

捜査本部からの電話に即座に対応

てくるたびに「パパ、事件だよ」と言って、携帯《けいたい》電話を持ってきてくれるようになった。

「あの事件がきっかけで、娘《むすめ》も私がどういう仕事をしているか、わかってきたんですね」

と中畑さんは話す。

実務修習で検事を志望

そういう中畑さんも、最初から検事志望ではなかった。大学を卒業、2度目の司法試験に合格し、司法研修所に入ったころは漠然《ばくぜん》と弁護士になるのかなと思っていた。

ところが、検察庁での実務修習で、先輩《せんぱい》検事から「裁判官に誤った判断をさせるような捜査《そうさ》・公判をしてはいけない。検事はしっかりとした立証を尽《つ》くすことが肝心《かんじん》だ」と言われた。検事が誤った立証をすれば、裁判官も誤った判断をしかねない。そこで、検事は自分が主体的に行動することで真実にいちばん近づいていける仕事だと思い、検事になることを決めたという。

真相を解明できる検事の仕事

任官してからは、ほとんど捜査《そうさ》の現場を歩いてきた中畑さん。いちばん印象に残っている事件は、検事になって2年目の長崎地検佐世保支部で担当した強盗《ごうとう》殺人事件だった。

自分と同じ年代の青年が、深夜勤務中、強《ごう》盗《とう》に出くわし、刃物《はもの》で刺《さ》し殺《ころ》されたという痛ましい事件だった。青年は家族を養う大黒柱だった。中畑さんは「われわれが真相を解明しない限り、当事者には何もできない」と思い、被疑者《ひぎしゃ》を取り調べ、起訴《きそ》した。

そのあとで中畑さんは、被害者《ひがいしゃ》の親族の一人が「私も検事になりたい」と言っていると聞いた。中畑さんは「被害者《ひがいしゃ》からすれば頼《たよ》りどころがないなかで、われわれを支えにしてくださったんだなと、つくづく感じました」とふり返った。

司法制度の変化とともに

中畑さんが検事になってから、司法制度が大きく変わった。市民が刑事《けいじ》裁判の審理《しんり》と判決に参加する裁判員制度が、２００９年5月から導入されたのだ。

それまで裁判はプロの裁判官だけで行われてきたが、無作為《むさくい》に選ばれた市民が裁判員として刑事《けいじ》裁判に参加し、被告人《ひこくにん》が有罪かどうか、有罪の場合、どのような刑《けい》に処するかを裁判官といっしょに決めるのである。裁判に参加する市民は6人で、裁判官3人と計9人で判断する。

裁判員裁判の対象になるのは殺人罪、強盗《ごうとう》致死傷罪《ちししょうざい》、住居などに放火する現住建造物等放火罪、身代金目的誘拐罪《ゆうかいざい》、無謀《むぼう》な運転で人を死なせる危険運転致死罪《ちしざい》などだ。裁判員は地方裁判所ごとに管内の選挙管理委員会がくじで選んで作成した名簿《めいぼ》に基づいて、翌年の裁判員候補者の名簿《めいぼ》を作成する仕組み。名簿《めいぼ》に記載《きさい》されても辞退が認められる場合もある。

この制度が始まったころ、中畑さんは東京地検公判部に勤務していた。新制度発足を受け、新設された特別公判部に異動し、裁判員裁判の捜査《そうさ》と公判を担当した。当時の検察庁の対応をつぎのように語る。

「検察もいろいろなことにチャレンジしていました。被疑者《ひぎしゃ》の取り調べ段階の供述調書を短くしたほうがいいのか、あるいは今まで通りしっかりつくったほうがいいのか、最初は試行錯誤《さくご》していました。また、公判ではあまり裁判員に負担をかけないよう、わかりやすく、できるだけ短時間で立証するなど、考えながらやっていました」

その後の大きな変化のひとつは、逮捕《たいほ》・勾《こう》留中《りゅうちゅう》に行われる被疑者《ひぎしゃ》の取り調べの録音・録画が始まったことだ。

録音・録画が義務づけられることになるのは、被疑者《ひぎしゃ》が逮捕《たいほ》・勾留中《こうりゅうちゅう》の裁判員裁判対象事件と検察官独自捜査《そうさ》事件などに限定されているが、被疑者《ひぎしゃ》の取り調べにも変化が出てきた。

検察官からすると、取り調べで被疑者《ひぎしゃ》から事実を聞き出し、それを供述調書にまとめ、その内容を判断材料の一つとして起訴《きそ》するかどうかを判断する。しかし、弁護士は、被疑《ひぎ》者《しゃ》が取り調べ段階であまりしゃべってしまう

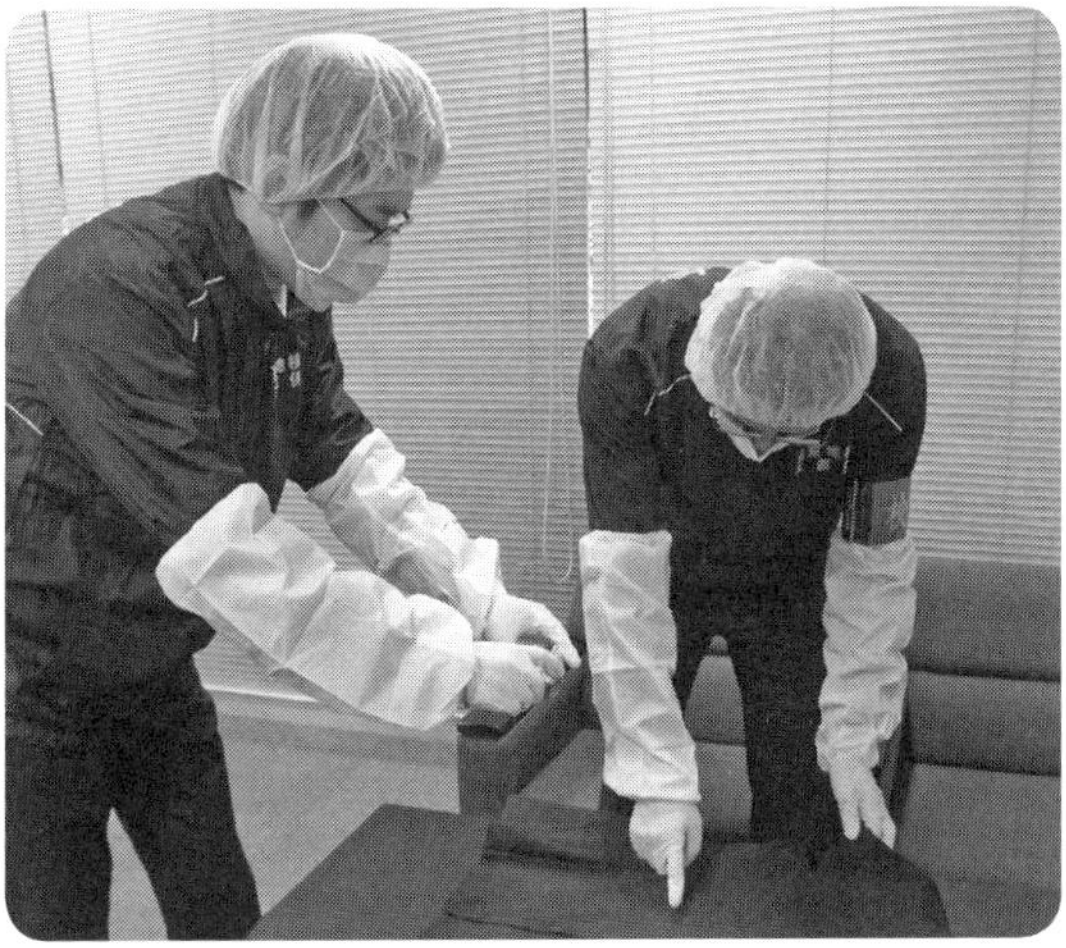

証拠物として押収した上着。凶器が刺さった跡を確認

と公判での弁護活動が難しくなるとして、最初から黙秘《もくひ》させるという弁護活動が目立っていると感じられるという。

中畑さんは「われわれは真実が知りたいので、当事者から話が聞きたいわけですが、それが難しくなっているのが実情です」と指摘《してき》する。

検察庁では、科学的な捜査《そうさ》に力を入れ、専門家の証人にパワーポイントを使って資料を作成してもらうなど、わかりやすく立証する努力をしている。

新制度の現状について、中畑さんは「新制度が始まってからすでに10年近く経ち、定着してきているように思います。われわれも慣れてきたので、裁判員裁判が始まったころのような緊張感《きんちょうかん》はなくなりました」と話す。

被疑者の取り調べに検察事務官も立ち会う

捜査資料を確認

これからはさらに広い視野を

中畑さんは検事になって20年近くが経とうとしている。その心境をつぎのように語る。

「検事になって良かったと思っています。重要な事件を扱《あつか》っている時には、検事というのはものすごく責任が重い仕事だと思いますが、事件が解明でき、適切に処理できた時にはものすごくやりがいを感じます。いっしょに働いている警察官が一生懸命《いっしょうけんめい》やっているので、そういう人たちと事件を解明できるのも、やりがいがあると感じる理由です」

ある時、外部の人と話していると、「検事さんも笑うことがあるんですね」と言われたことがある。外からは「検事といえば怖《こわ》い人」というイメージがあると知り、「人から話を聞くということは難しいですね」と、しみじみ語っていた。

このところ、『検察側の罪人』など、検事を主人公にした映画やテレビドラマをよく見かける。そのなかでは取り調べのさいの厳しい表情がアップにされる場面も多く、そのため、「検事は怖《こわ》い」という先入観ができているのかもしれない。

中畑さんに今後の目標を尋《たず》ねると、検事として現場以外の仕事をしたいということと、一度、ほかの機関に出向いて仕事をしてみたいということの二つを挙げた。特にほかの機関への出向については、「一度外から検察庁を見る機会があるのもいいかなと思っています。そうすれば今の仕事と比較《ひかく》でき、視野が広くなるのではないでしょうか」と話していた。その具体例として、検察官の研修や犯罪の防止や抑制《よくせい》に役立つ政策などを研究する法

目と鼻の先にある警視庁へもひんぱんに出向く

務総合研究所や警察庁を挙げた。

最後に中畑さんに、中学生・高校生に向けたメッセージを語ってもらった。

「中学生・高校生というと、いろいろなことに興味をもってチャレンジするのが大事な時期かなと思います。私も司法修習を受けるまでは検事になるなんて思ってもいませんでしたが、そうやってたどり着いた職業で今、重要な仕事をやらせてもらっています。最初からなりたいと決めてやるのも大事ですが、さまざまなことを見たり、人から聞いたりしてみるのも大事だなと思いますね」

中畑さんは物事にチャレンジし、いろいろな経験をして見聞を広げ、そのなかで検事の仕事に興味をもってもらえればうれしいと思っている。

ドキュメント 2 地方検察庁公判部の検察官

人の人生に影響を与える責任重大でやりがいのある仕事

千葉《ちば》地方検察庁《ちほうけんさつちょう》公判部《こうはんぶ》
佐藤映莉子《さとうえりこ》さん

佐藤さんの歩んだ道のり

1986年香川《かがわ》県生まれ。慶應義塾《けいおうぎじゅく》大学法学部を卒業後、首都《しゅと》大学東京法科大学院（当時）に入学。法科大学院卒業後、司法試験に合格。1年間の司法修習を経て2013年、検事に任官。66期。大阪地検と水戸《みと》地検で捜査《そうさ》と公判を合わせて2年、東京地検では刑事部《けいじぶ》で1年間勤務し、2018年から現職。

きっかけは模擬《もぎ》裁判の検事役

千葉地方検察庁は、京成千葉線千葉中央駅から歩いて約5分、千葉市中央区の千葉第二地方合同庁舎内にある。まわりには、千葉地方裁判所や千葉市役所の庁舎が建ち並《なら》ぶ官庁街だ。ふだんは公判部の会議が行われる部屋《へや》で佐藤映莉子さんに面会した。

明るいスーツにストレートヘア姿の佐藤さんを見て、「検事らしくない感じですが」と話題をふると「新人の時は『ぜんぜん検事っぽくない』と言われました。でも、この世界にいると、だんだん検事っぽくなってくるものですね」と切り返された。

そこで、「いつ、なぜ検事を選択《せんたく》したのですか」と質問した。

すると、「法科大学院の授業で模擬《もぎ》裁判を行ったさいに検事役をやり、そこで、実際の検事はやりがいがあるんだろうなと思いました」との答えが返ってきた。司法試験に合格し、司法修習を受けてから志望を決める人が多いなか、合格する前から決めていたというのは強い信念があったからなのだろう。

公判部検事の仕事

地方検察庁では、警察から送致《そうち》された事件などの捜査《そうさ》を行い、起訴《きそ》するかを判断する。起訴《きそ》後は裁判所に公正かつ適正な法律適用を求めるため、法廷《ほうてい》での立ち会いなどをする。千葉地検では、前者は主に刑事部《けいじぶ》が担当し、後者は公判部が担当するが、証拠《しょうこ》が不足していると判断した場合には、公判部が補充《ほじゅう》捜査《そうさ》する場合もあるという。

佐藤さんに公判部検事の1日の大まかな仕

上司と公判準備の確認

事のスケジュールを話してもらった。

裁判は午前10時から始まるので、出勤時間の9時半までに余裕をもって出勤する。そのあと、千葉地裁に出かけていき、公判に立ち会う。大きな裁判の場合、先輩《せんぱい》検事と2人で法廷に出ることもある。千葉地裁は千葉地検のとなりにあるが、公判に出るさいは、いつも使っている風呂敷《ふろしき》に訴訟《そしょう》記録などの書類を包んで持参するという。

事件の現場を再現

佐藤さんに、検事になってからの忘れられないエピソードを聞いた。

東京地検の刑事部《けいじぶ》にいた時、強盗致傷《ごうとうちしょう》の事件があった。被疑者《ひぎしゃ》は車のドアが開いていたので、乗《の》り込《こ》んで車を盗《ぬす》んで逃走《とうそう》しようとした。すぐそばにいた被害者《ひがいしゃ》がドアをドンドンたたき、車を止めようとしたが、被疑者《ひぎしゃ》はそれを振《ふ》り切《き》って逃走《とうそう》し、被害者《ひがいしゃ》にケガをさせた。

被疑者《ひぎしゃ》は取り調べのさい、黙秘《もくひ》していたので、ほんとうに犯人かどうかという点と、被《ひ》疑者《ぎしゃ》は当時大きなヘッドフォンを耳につけていたので、ドアをたたく被害者《ひがいしゃ》に気がついていたかが問題となり得た。

上司から「大音量で音楽を聞いていたので、ドアをたたく音が聞こえず、被害者《ひがいしゃ》に気がつかなかったと言われると、強盗致傷《ごうとうちしょう》だったかどうかが問題になる」と言われ、もっときちんと捜査《そうさ》をするよう指示された。

その時、立会事務官から「検事が実際に車に乗って体験してみたらどうですか」と言われた。そこで、警察に無理を言って交通量の多い幹線道路の通行を一時止めてもらい、自

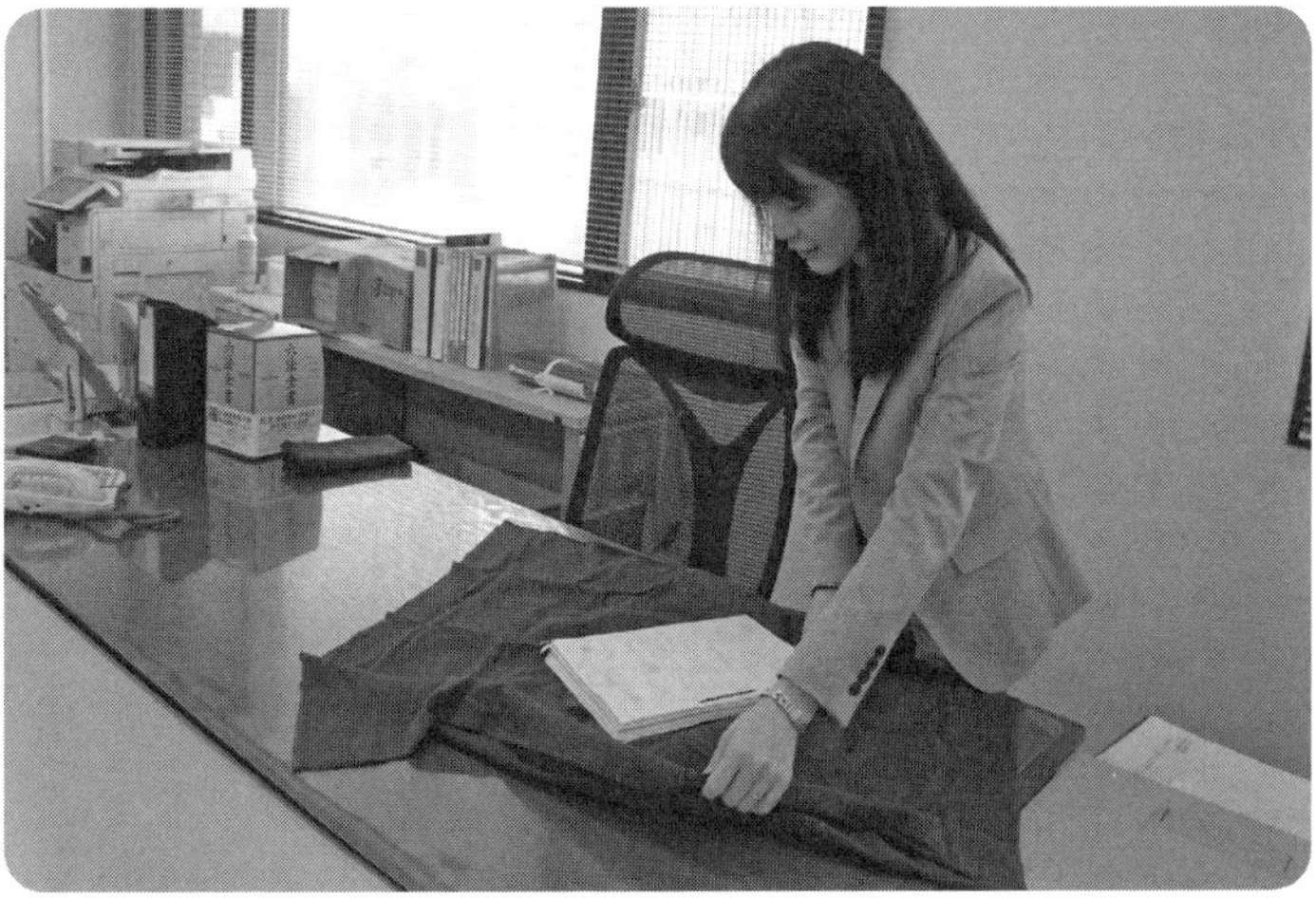

公判に向かうため訴訟記録を風呂敷に包む

分は車に乗って被害者《ひがいしゃ》に事件の時と同じ強さでドンドンとたたいてもらった。すると、振動《しんどう》が車内に伝わってくることやサイドミラー越《ご》しに被害者《ひがいしゃ》が見えることがわかり、自信をもって起訴《きそ》することができたという。

佐藤さんは「被疑者《ひぎしゃ》は、実際に音楽が好きだったので、法廷《ほうてい》で反論されたら困るという事案でした。この裁判は裁判員裁判だったので、公判部の検事が裁判員に実際に車に乗ってもらい、振動《しんどう》を体験してもらったと聞いています」とふり返った。

被害者《ひがいしゃ》が話しやすい環境《かんきょう》を心がける

ここで女性検事の任官者数の変遷《へんせん》を見てみよう。

法務省の調べでは、法学大学院設立後、初の新司法試験が行われた２００７年の任官者は１１３人。このうち女性は39人で、女性の比率は34・５%だった。その後も、女性の比率はほぼ30%台が続いている。佐藤さんが受験した２０１１年は任官者71人中、女性が24人で比率は33・８%だった。２０１９年には任官者65人中、女性が28人になり、女性比が43・１%とはじめて４割を越えた。その後も

調書の内容を見直し精査する

「女性ならではの利点もあると思います」と佐藤さん

比率は増えている。

女性検事がなぜ増えているのか、佐藤さんに聞いてみた。

「女性だから、男性だからといった差別はありませんので、女性であってもきちんと働ける環境《かんきょう》にあると思います。女性だからこそ、というわけではないですが、性犯罪の女性被《ひ》害者《がいしゃ》のなかには、女性の検事のほうが話しやすいという方がいます。お子さんなどから話を聞くさいにも、女性検事のほうが話しやすいことが多いと思います。児童虐待《ぎゃくたい》の被害《ひがい》者《しゃ》で、3歳《さい》くらいのお子さんもいます。話しやすい雰囲気《ふんいき》をつくれるように、私自身も話し方には工夫しています。そういう時は、椅《い》子《す》の位置も、面と向かうのではなく、ハの字に並《なら》べて話を聞いています」

千葉地検には、佐藤さんと同期の検事が合

計7人いて、うち3人が女性。「みんなで集まってわいわい騒《さわ》いで飲んだりしています。そのうちの1人が夫です」と佐藤さん。良き伴侶《はんりょ》を得て、仕事もプライベートも順調という印象を受けた。

　検事任官5年目の佐藤さん。仕事に慣れてきたかどうかと聞くと、「慣れてはきているのですが、それでも経験のない事件がたくさんあるので、試行錯誤《さくご》を重ねている感じです」と慎重《しんちょう》に答えていた。

　佐藤さんは、これまでに刑事部《けいじぶ》と公判部を経験しているが、「今までは捜査《そうさ》中心の刑事《けいじ》部《ぶ》のほうが興味深いと思っていました。でも、千葉地検に来て、公判にも魅力《みりょく》を感じています」と話してくれた。また、検察の花形といわれる特捜部《とくそうぶ》については、「東京地検の時、3カ月ほど特捜部《とくそうぶ》に応援《おうえん》に行きました。

合同庁舎にある千葉地検の前で

検事がたくさん集まって捜査《そうさ》を組み立てていくチームプレーがおもしろかった。財政経済事件に興味があるので、今後しっかり勉強していきたいです」と話し、将来、特捜部《とくそうぶ》勤務をめざす考えを示した。

適性は、人とかかわるのが好きなこと

佐藤さんに検事の適性とは何かを聞いた。

「検事はいろいろな人から話を聞かないといけませんし、自分がいちばん話したくないことを話してもらう必要があるので、人とかかわるのが好きということが適性かなと思います」

もし検事にならなかったら何をやっていたと思いますかと聞いたところ、「書く仕事です。たとえば、出版社などで文章にかかわる仕事をしたり、文章を書いたりしていたのではないかと思います」という答えが返ってきた。

最後に、検事をめざす読者に向けてつぎのように語ってくれた。

「検事は人の人生を扱《あつか》う仕事なので、それだけ重大な責任もあり、やりがいもあります。女性だからハンディがあるということもないので、興味のある人はどんどんチャレンジしてほしいですね」

男女の区別なく働けて、やりがいを十分感じられる職場だという確信の伝わるメッセージだ。

ドキュメント 3 特別刑事部の検察官

独自捜査で真相を究明する醍醐味

横浜地方検察庁《よこはまちほうけんさつちょう》
特別刑事部《とくべつけいじぶ》
平光信隆《ひらみつのぶたか》さん

平光さんの歩んだ道のり

1966年岐阜《ぎふ》県生まれ。早稲田大学法学部卒業後、同大学大学院に入り、在学中に司法試験に合格。司法修習46期。1994年、検事に任官。札幌《さっぽろ》地検を振り出しに、前橋《まえばし》、東京、横浜地検などに勤務。2000年から法務省刑事局《けいじきょく》付、在仏日本大使館一等書記官、司法研修所教官、那覇《なは》地検次席検事、東京地検公判部副部長、内閣官房内閣《ないかくかんぼうないかく》参事官などを歴任。2018年から特別刑事部長《けいじぶちょう》（現職）。

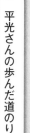

独自捜査《そうさ》を行う部署

横浜地方検察庁特別刑事部《けいじぶ》は、横浜港を一望に見渡《みわた》せる山下《やました》公園近くにある。庁舎は地下鉄みなとみらい線日本大通り駅から歩いて約3分の横浜第二港湾《こうわん》合同庁舎に入っている。

平光信隆特別刑事部《けいじぶ》長室《ちょうしつ》の窓から、港内を行き来する船舶《せんぱく》や波打つ海が見えた。平光さんは「ここに来られた方はみなさん、『いい景色《けしき》ですね』とほめてくれます」と、ちょっぴり誇《ほこ》らし気だった。

平光さんに特別刑事部《けいじぶ》の主な仕事と、1日のスケジュールを聞いた。この部は大都市をかかえる地検に設置され、基本的に警察が扱《あつか》う事件ではなく、国税局などから告発された財政経済事件や汚職《おしょく》事件などを担当している。特捜部《とくそうぶ》と同じように独自捜査《そうさ》を行う部署なので、部長も主任検事らといっしょに被疑者《ひぎしゃ》の供述調書を見たり、直接、パソコン画面で検事の取り調べ状況《じょうきょう》を見たりして「もっとこういうふうに聞いたらどうか」などと指示している。また、部長室で捜査《そうさ》会議を開いて捜査《そうさ》方針を決めたりする。

この部の人員は、現在、検察官と検察事務官を合わせて合計20人余りだが、人が足りない場合は、ほかの部から応援《おうえん》をとる。

業務は通常9時半から始まり、事件の時には泊《と》まり込《こ》みで働くこともある。勤務中は取り調べの録音・録画を見たり、パソコン内のデータを解析《かいせき》したりしているので、このような捜査《そうさ》方法がなかった以前よりも仕事量は増えている。取り調べは検事が何人か同時並行《へいこう》的《てき》に行っているが、平光さんはこれらの録音・録画をしっかり見ている。昔《むかし》は調書し

夏には花火も見える、横浜地検特刑部部長室からの眺望

か見れなかったので、取り調べ最中の状況《じょうきょう》は推測するしかなかったが、今は画面で被疑《ひぎ》者《しゃ》の顔が見えるので、表情や受け答えの口ぶりに心情が表れるため心証は取りやすくなっているという。

平光さんが検事に任官した1990年代は検事志望が少なく、大半が弁護士志望だった。そのため、司法研修所の教官が熱心に検事を志望するよう勧めていた。

「私も最初は弁護士志望でしたが、教官が熱心に検事を勧めてくれました。実際に修習を受けてみると、捜査《そうさ》がおもしろかった。そのうえ、『弁護士は検事を辞めてからもできるが、検事は今しかできない』と言われました。取り調べで真相を解明して、真実にいちばん近づけるのは検事だと思って検事志望に変えました」

平光さんは任官してから検察庁以外に法務省、在仏日本大使館、司法研修所、内閣官房《かんぼう》など他官庁へ数多く出向している。本人は「行けるところへはほとんど行っている感じですね」と笑う。なんでもこなせる、すぐれた器用人と見られているのだろう。でも、本人の思い入れが強いのは、やはり検事の仕事だ。そのなかでもいちばん記憶《きおく》に残っているのは１９９７年、はじめて東京地検特捜部《とくそうぶ》に配属された時にたずさわった、証券会社の利益供与《きょうよ》事件だという。

東京地検特捜部《とくそうぶ》での勤務

当時の特捜《とくそう》部長は、著名政治家の巨額脱税《きょがくだつぜい》事件など、数々の大事件を手がけ、退官後、プロ野球コミッショナーを務めた熊崎勝彦《くまざきかつひこ》さん。平光さんは特捜部《とくそうぶ》に配属されたさい、上

事務官や検事も含めて捜査会議

司らから、難しい事件でこそ、被疑者《ひぎしゃ》に真相を語る決意をさせることが重要であると指導を受けたという。

平光さんが担当した証券会社の役員も、当初は否認していた。当時30歳《さい》前後の平光さんは、父親くらいの年齢《ねんれい》の被疑者《ひぎしゃ》と相対することになった。

被疑者《ひぎしゃ》に真相を語ろうと決意させるには、証拠《しょうこ》を突《つ》きつける方法と、証拠《しょうこ》を見せないで相手の感情に訴《うった》えていく方法がある。証《しょう》拠《こ》を見せないほうがうまくいくこともあるので、両方大事だという。平光さんは、先輩《せんぱい》などのアドバイスを聞いて被疑者《ひぎしゃ》みずからに真相を語ってもらうことができ、事件を解決に導いた。

平光さんが取り調べた証券会社の役員は、部下に指示をして利益供与《きょうよ》を行っていた。

平光さんは、被疑者《ひぎしゃ》と部下との信頼《しんらい》関係を十分に聴取《ちょうしゅ》したうえ、「信頼《しんらい》する部下のことは裏切れない」という被疑者《ひぎしゃ》の感情に訴《うった》えていくことで、真相を語らせることに成功したという。

「当時、被疑者《ひぎしゃ》から真相を聞くことができなければ捜査《そうさ》が失敗してしまうかもしれないと考えると、すごいプレッシャーでした。でも、そういう気持ちだからこそがんばれることもあるんです」と平光さんはふり返った。

さらに、こう続けた。

「熊崎部長は当時、『こういう時はこうしなさい』と、若手に具体的に教えてくれて、非常に勉強になりました。また、その後の捜査《そうさ》の大きな自信になったと思います。今は独自捜査《そうさ》自体が減ってきているので、若い人にはそうした経験をできる限りさせてあげたいと考えています」

巧妙化《こうみょうか》するサイバー犯罪

話が核心《かくしん》に入ってきたので、平光さんに「独自捜査《そうさ》で大きな課題になっているのは何ですか」と聞いた。すると、〝よく聞いてくれた〟と言わんばかりに話し出したのは、デジタル・フォレンジック（デジタルデータについての法的証拠《しょうこ》を見つけるための鑑識《かんしき》調査や情報解析《かいせき》にともなう技術や手順）のことだった。その典型的な事件がパソコン遠隔《えんかく》操作事件で、平光さんが東京地検公判部副部長の時に担当し、この手法を駆使《くし》して解決したケースだった。

事件は2012年初夏から秋にかけて起きた。

被疑者《ひぎしゃ》がインターネットの電子掲示板《けいじばん》に指

独自捜査での「捜査力」について語る平光さん

示を書きこんで、それを読み取らせることで他者のパソコンを遠隔《えんかく》操作し、これを踏《ふ》み台《だい》として襲撃《しゅうげき》や殺人などの犯罪予告を行ったサイバー犯罪である。被疑者《ひぎしゃ》は実際に４人のパソコンに不正ウイルスを感染させ、警察に誤認逮捕《たいほ》させた。江ノ島《えのしま》の猫《ねこ》の首輪に記憶媒《きおくばい》体《たい》を隠《かく》しており、それがきっかけで発覚したという、たいへん巧妙《こうみょう》な事件だ。

平光さんは、その公判に立ち会い、有罪を立証した。最後は被疑者《ひぎしゃ》本人が墓穴を掘《ほ》って、保釈中に証拠隠滅《しょうこいんめつ》したところを検察側が見つけたため全面解決した。

平光さんは「デジタル関係の事件はすごく複雑です。他人のパソコンをウイルスに感染させることで遠隔《えんかく》操作ができ、パソコンの持ち主が知らないうちに脅迫《きょうはく》メールを送ることができます。メールを送るなどの操作をしたら、ＩＰアドレスというものがネットワーク上に残ります。ふつうの事件なら、このＩＰアドレスのパソコンを所有している人が犯人となるのですが、実は、その人は被疑者《ひぎしゃ》にはめられた人なんです。それまでこういう事件はなかったので、難事件でしたね」と解説してくれた。

法廷《ほうてい》では、検察側がサイバーの専門家を呼んできて、その仕組みを立証したという。

昔《むかし》なら指示や相談は電話で済ますが、今は多くの人たちがメールや無料通話アプリやＳＮＳを使う。捜査《そうさ》が始まると被疑者《ひぎしゃ》側はメールを削除《さくじょ》することも多いが、消されたデータでも、一定程度復元できる。そのため、捜《そう》査《さ》側は事件が起きるとメールなどのデータを押収《おうしゅう》、消去しているものであっても復元して解析《かいせき》し、その内容にどういった意味があるかを考える。パソコン上で削除《さくじょ》すると画面上では消えるが、見えなくなるだけ。データはそのままパソコンの内部に残っているのだ。

すべてを復元できるわけではないが、意図的に上書きしても必ず完全に削除《さくじょ》されない部分が残る。そこを復元していく。難しい場合は専門家に鑑定依頼《かんていいらい》して鑑定書《かんていしょ》を作成してもらうが、今は特捜部《とくそうぶ》などでできるよう、事務官に研修を受けさせ、専門家として養成している。

平光さんは「今は電話で連絡《れんらく》しあうなんてことはしませんが、逆にいうと、メールやSNSなどは電話よりもデータが残るので強い武器になる。今の捜査《そうさ》は、ブツをきちんと押《お》さえたうえで供述を引き出す、これができなければ立証は難しいのです。昔《むかし》は紙のブツに供述、という方法でしたが、今は紙のブツ

部長のデスク。奥のモニターで録音・録画された取り調べのようすを確認する

よりもデジタル・データを押《お》さえて解析《かいせき》することが重要です。だからガサ入れ（強制捜《そう》査《さ》）の現場には必ずデジタル・フォレンジックの担当官も連れていきます」と話す。

好奇心《こうきしん》をもって前進していこう

ここで、平光さんに検事の適性とは何かを聞いた。

「検事に向くのは、好奇心旺盛《こうきしんおうせい》な人ですね。もっと知りたいと思うから前に進んでいけるのであり、積極性があり、どんなことにも挑《ちょう》戦《せん》したいという人ですね。検察庁ではいろいろな事件を担当するので、何に対しても興味をもち、苦手なパソコンでも挑戦《ちょうせん》するような人が向いていると思います。私は好奇《こうき》心旺盛《しんおうせい》なので、いろいろな職場を経験させてもらいました。最初は苦手と思っても、配属された部署で楽しんで、積極的に働き、貴重な経験を積むことができました。検事になってほんとうによかったと思います」

続いて、中学生・高校生へのメッセージを語ってもらった。

「いろいろな証拠《しょうこ》があるなかで徹底《てってい》して真実を追求したい、どうなっているかを知りたいという若い人に、検察庁に来てほしいですね。個人で真実を追求するという仕事はなかなかないので、そういう希望のある人には、ぜひ検事になってほしいと思います。女性も今、検事になる人が増えていて、実際に取り調べもうまいし、好奇心旺盛《こうきしんおうせい》な人も多いので、そういう人はぜひ検察の世界に入ってきてほしいものです」

最後に、これからの目標を聞いた。

「独自捜査《そうさ》を経験している検事が少ないので、

捜査資料をもとに主任検事と打ち合わせ

そういう経験者を増やしていきたいと考えています。事件をどんどんやってやりがいを知ってもらい、検察力をつけないと検察の力が弱ってしまう」

平光さんの検事魂《だましい》は、旺盛《おうせい》な好奇心《こうきしん》と、与《あた》えられた部署で積極的にチャレンジするという精神で鍛《きた》えられたにちがいない。

ドキュメント 4 高等検察庁の検察官

検事の仕事は社会の一部。「六法に残る仕事」も

東京《とうきょう》高等《こうとう》検察庁《けんさつちょう》公判部《こうはんぶ》
田野尻《たのじり》 猛《たける》さん

田野尻さんの歩んだ道のり

１９６７年大分《おおいた》県出身。東京大学法学部在学中、司法試験に合格。司法修習45期。１９９３年、検事に任官。名古屋地検、東京地検八王子《はちおうじ》支部などを回り、２００５年から最高検裁判員制度等実施《じっし》準備検討会に加わる。２０１３年、東京地検総務部副部長となり、再犯防止の取り組みを開始。法務省刑事局《けいじきょく》刑事法制《けいじほうせい》管理官、大臣官房《かんぼう》会計課長を経て２０１８年から公判部長（現職）。

高等検察庁公判部長とは

東京高等検察庁は、東京・霞が関の検察庁庁舎(20階建て)の18階にある。その階の一角にある公判部長室に入ると、田野尻猛さんが笑顔《えがお》で迎《むか》えてくれた。壁《かべ》ぎわの本棚《ほんだな》には刑《けい》法《ほう》や刑事《けいじ》訴訟《そしょう》法《ほう》の分厚い本が並《なら》んでいたが、その横にプロ野球選手のブロマイドが数枚貼《は》ってあった。

「いちばんの趣味《しゅみ》は合気道ですが、つぎが野球観戦です。横浜DeNAベイスターズを応《おう》援《えん》しています」。そう言ってニッコリ笑った。

検察官というと、いつも六法全書をかかえている生真面目な人と思われがちだが、趣味《しゅみ》の話にほほ笑んだ表情からは、そんな雰囲気《ふんいき》は感じられなかった。

高等検察庁(高検)は高等裁判所(高裁)に対応する検察庁で、全国に8カ所あり、そのほかに支部が6カ所ある。東京高検は東京、横浜、さいたまなど11の地方裁判所が行った刑事《けいじ》事件の裁判で控訴《こうそ》された事件などを取《と》り扱《あつか》う。

公判部長の田野尻さんの1日のスケジュールを聞いた。午前9時半に出勤して、午前中は東京高裁に控訴《こうそ》された事件の判決などをチェックして、問題がありそうかどうかを調べる。

午後には、控訴《こうそ》の理由をまとめた「控訴趣《こうそしゅ》意書《いしょ》」など、検事が作成した文書が部長室に上がってくるので、それに一つひとつ目を通して確認する仕事が多い。

田野尻さんは「判決を精査していると、ちょっと変だと思うものが見つかる。カンみたいなものを頼《たよ》りに、不自然なところを探します。結構忙《いそが》しいですが、毎日あまり代わり映えしないですね」と照れ笑いをした。

東京高裁は全国の控訴《こうそ》事件の約4割をかかえている。つぎに多いのが大阪高裁で2割強という。東京高裁で控訴《こうそ》事件が多いのは管内に首都圏《しゅとけん》をかかえているからだ。多くの事件は高裁で控訴棄却《こうそききゃく》になるというが、1審《しん》で有罪だったものが無罪になることもある。

田野尻さんは「われわれの予想外のものが無罪になったりするケースもあります。裁判で問題点があると、事件を扱《あつか》った地検に対して指導することもあります」と語る。

田野尻さんの経歴を見ると、検察庁での勤務と法務省などの行政機関の勤務が半々ずつで、実務家というより、法律家という感じがする。本人は最初、弁護士を志望していたが、2年間の司法修習を終えた段階で「事件を直接調べてどういう処分をすべきか決める、積極的な活動をしたい」と思い、検事に決めた。大学の恩師からも「立法の仕事もやれるので、検事のほうがやりがいがある」と勧められたという。

いくつもの法制度にたずさわる

検事に任官して8年目の2001年から3年間、司法制度改革推進本部事務局の参事官補佐《ほさ》として国選弁護制度の整備、法テラス設立のための法律（総合法律支援法《しえんほう》）の作成にタッチした。法テラスは、全国どこでも法的トラブルを解決するための情報やサービスを受けられるよう、国民向けの法的支援《しえん》を行う機関として設立された。正式名称は日本司法支援《しえん》センター。

また、2005年から2年間、最高検察庁

裁判員制度等実施《じっし》準備検討会で、裁判員制度の実施《じっし》に向けた検察庁の準備にたずさわった。

　さらに、田野尻さんは２０１３年に東京地検総務部副部長になってから、検察庁での再犯防止に取り組む「社会復帰支援室《しえんしつ》」の立ち上げにかかわり、罪を犯した人の社会復帰をどう支援《しえん》すべきかを検討した。

「裁判員裁判でいちばん苦労したことはなんですか」と聞いたところ、つぎのような答えが返ってきた。

「２００９年に裁判員制度が導入されるまでは、被疑者《ひぎしゃ》の供述調書をくわしく取って法廷《ほうてい》で立証するやり方をしていました。導入後は法廷で裁判員が見て、聞いてわかるような裁判にしないといけないので、調書の量を大幅《おおはば》に減らすだけではなく、ポイントをついた立証に変えなければならなくなりました。そこ

執務室で判決書類に目を通す田野尻さん

で、パワーポイントを使って、写真を見せたりして工夫し、公判のリハーサルもしました。そのころから、弁護側の黙秘《もくひ》戦術がどんどん出てきて、今は全国的な傾向《けいこう》になっているので、捜査《そうさ》がやりにくくなっていることは間違いないですね」

　田野尻さんは「以前、建設会社のＣＭに『地図に残る仕事』というのがありましたが、われわれは立法にもかかわるので、検事の仕事は『六法に残る仕事だ』と、法学部学生や法科大学院生たちにアピールしています」と話す。六法とは、日本における主要な六つの法典を指している。具体的には憲法、民法、商法、刑法《けいほう》、民事訴訟法《そしょうほう》、それに刑事訴訟《けいじそしょう》法《ほう》だ。

　その後も田野尻さんは、２０１６年９月から１年間、法務省の刑事法制《けいじほうせい》管理官として立法の仕事を担当した。主要なテーマは、性犯罪の改正問題で、２０１７年、「強姦罪《ごうかんざい》」に代わって「強制性交等罪」が新設された。これにより、被害者《ひがいしゃ》が女性にのみ限定されていた強姦罪《ごうかんざい》から、男性が被害者《ひがいしゃ》の場合も含《ふく》めて

さまざまな法令をもとに判決を精査

適用される性別不問の規定となった。さらに、これまで被害者《ひがいしゃ》が告訴《こくそ》しなければ公訴《こうそ》を提起できない「親告罪」だったものが、改正後は本人の告訴《こくそ》がなくても公訴《こうそ》を提起できる「非親告罪」に変わった。

田野尻さんは「法律をつくる時は、いろいろな意見の調整が大変です。われわれもいろいろ考えますが、最高裁や日本弁護士連合会、被害者《ひがいしゃ》団体などの意見もある。そのなかで一致点を見いだしていくのはすごく大変ですが、法律が変わると、制度がガラッと変わります。立法の大きな力を肌《はだ》で感じました」とふり返った。

忘れられない、証拠物《しょうこぶつ》からの教訓

田野尻さんも若いころ、数多くの事件を手がけた。そのなかでもいちばん記憶《きおく》に残る事件は、東京・八王子支部で本部係を担当していた時にかかわった傷害致死《ちし》事件だという。若い男性が交際していた女性に暴力を振《ふ》るって死なせた、いわゆるデートDV事件だった。ところが、なかなか決定的な証拠《しょうこ》をつかめず、時間切れになったので証拠《しょうこ》が固い傷害罪だけで起訴した。

しかし、被害者《ひがいしゃ》の女性が亡くなっている重要事件なので、田野尻さんはあらためて捜査《そうさ》記録を最初から検討し直した。その結果、逮《たい》捕《ほ》後勾留《こうりゅう》の20日間には見えていなかった証《しょう》拠物《こぶつ》が見えてきた。それが被害者《ひがいしゃ》の声が入った録音テープだった。

被害者《ひがいしゃ》は、肋骨《ろっこつ》骨折が原因で死亡していたので、そういう結果をもたらすような暴行を受けていたかどうかがカギだった。録音テープを詳細《しょうさい》に点検すると、被害者《ひがいしゃ》が大声をあげていて被疑者《ひぎしゃ》が暴行を振《ふ》るう前には肋骨《ろっこつ》骨折が起きていないことがわかった。それを指《し》摘《てき》して傷害致死《ちし》を立証することができた。最初の傷害罪に加えて、傷害致死罪《ちしざい》で追起訴《ついきそ》し、有罪にすることができたのだ。その事件は最高裁まで争われたが、検察側の主張が通り、有罪で決着した。

「検事は証拠《しょうこ》を粘《ねば》り強《づよ》くていねいに見ることが大事だという教訓になりました。事件を捜査《そうさ》していると、ときどき壁《かべ》にぶつかるので、それをどう乗《の》り越《こ》えるかが非常に大事です。この事件のように、自分でいろいろ工夫して突破口《とっぱこう》が得られ、証拠《しょうこ》から真実に近づけた時にやりがいを感じます」

検事はバランスが大切

田野尻さんは一線の検事から東京地検総務部の副部長になった時、見学に来た法学部や法科大学院の学生たちに、検事のアピールポイントとしてつぎの三つを挙げた。

「第1に、やりがいがあること。第2に法律家として成長できること。検事は、1年目から主任検事として捜査《そうさ》や裁判を担当し、きたえられます。第3に、意外と思われるかもしれませんが、家庭的な雰囲気《ふんいき》の職場だということです。特に地方の検察庁に行くと、全体でも100人くらいの職場なので、おたがい顔も知っていて、アットホームな感じです」

この仕事をめざすにあたり、必須要素はあるのだろうか。

「検事にはいろいろなタイプの人がいていいと思っています。事件の捜査《そうさ》が好きな人がいていいし、いろいろ調べて研究するのが好きな人がいてもいい。検事の仕事では、目標を

書面の内容について確認

きちんともって、バランスのよい結論をめざしていくことが大事だと思います。そういう気持ちがある人は、ぜひ検事をめざしてもらいたい。検事の仕事では壁《かべ》が結構あるので、それをどう乗《の》り越《こ》えるかも大事です。その意味では粘《ねば》り強《づよ》さも必要です」

さらに、田野尻さんは検事の仕事について、こう続けた。

「検事の仕事は、社会からみると、すごく限られた仕事です。自分たちの仕事は社会の中心だと思わず、そのなかのごく一部だと理解して、それを見失わずに、バランスよく考えて仕事をしてほしいですね」

田野尻さんの長年の経験から学んだ自戒《じかい》の言葉と受け止めた。

Column

検察官バッジは変身用の小道具のようなもの

法曹《ほうそう》三者といわれる裁判官、検察官、弁護士はそれぞれバッジをつけているが、彩色されているのは検察官のバッジだけ。しかも白、赤、金（銀）の三色なので、裁判所の法廷《ほうてい》内ではひときわ目立っている。赤い旭日《きょくじつ》のまわりに白い菊《きく》の花弁が四方に開き、その間に金（銀）色の菊《きく》の葉4枚が広がるという、凝《こ》ったデザインだ。

このバッジは1950年、司法省と法制局を統合した法務庁総裁が出した訓令で定められた。八方に伸《の》びる霜《しも》の中心に、日差しがそそいでいる図柄《ずがら》に見えるといわれ、厳正が求められる検事の理想像と重ね合わせ、「秋霜烈日章《しゅうそうれつじつしょう》」と呼ばれるようになった。

東京地検公判部の堀越健二《ほりこしけんじ》さんに、バッジへの思いを聞いた。

「われわれはバッジをつけていなくても検事ですが、つけていないと検事ではないというか、検事のアイデンティティー的な面はあると思います。特に裁判員裁判がある法廷《ほうてい》では、自分は一個人である前に検事としてしっかりふるまわないといけないと気持ちが引き締《ひし》まり、法廷《ほうてい》でより緊張感《きんちょうかん》が出ます。変身用の小道具のようなものですね」

では、実際にバッジをどう使っているのか、聞いてみた。堀越さんは「取り調べの時は、相手が被疑《ひぎ》者《しゃ》であるか、参考人であるかで違《ちが》ってきます。参考人の場合はバッジをつけて上着も着てという場合が多いですが、被疑者《ひぎしゃ》だと、もう少し話しやすいフランクな雰囲気《ふんいき》をつくるために、あえてバッジはつけないで話す時もあります。そのときどきで使い分けていますね」と語る。

続いて、バッジの由来を意識しているかどうかを聞いてみた。「私たちの仕事をうまく体現している良いデザインだと思っています。法曹《ほうそう》三者ともにバッジがありますが、検察官のバッジがいちばんかっこいい。検事になった時から、このバッジをつけられてうれしいという気持ちがありました。今もこのバッジに恥《は》じることのないような公判立会を心がけています」と答える。

検察官にかける熱い思いを聞き、堀越さんははじめから検事志望だったのかどうかを尋《たず》ねてみると、「もともと推理小説など刑事系に興味をもっていましたし、大学でも刑法のゼミに入っていました。自分の得意分野と、社会正義を実現するという検事の仕事のやりがいとがマッチングしていると感じています」と、歯切れのよい返事。

堀越さんは1976年、東京都生まれ。大学法学部卒業後、司法試験に合格。2002年に検事に任官した。東京地検から始まり横浜地検小田原《おだわら》支部、千葉地検などを回り、法務省民事局に出向。2018年から現職。最後に、中学生・高校生に向けてメッセージを語ってもらった。

「テレビドラマなどで検事の仕事がおもしろいと感じたら、もっと踏《ふ》み込《こ》んで勉強してもらえると良いと思います。そのおもしろさを自分の仕事にできて、しかもやりがいを感じることができるのです」

裁判員裁判で公判への興味深さが増していると語る堀越さん。バッジに恥《は》じない、さらなるレベルアップをめざしている。

東京地方検察庁提供

2章

検察官の世界

検察官とは何だろう

検察権を行使する役職。検察官一人ひとりが国家機関

検察官と検事

みなさんは、検察官と検事との違《ちが》いを区別できるだろうか。まず、検察官とは「検察をつかさどる行政官」の総称であり、つぎのように区分される。

全国の検察組織のトップは最高検察庁（最高検）の長である「検事総長」。検事総長を補佐するのが「次長検事」。最高検の下に、全国8カ所にある高等検察庁（高検）にその長である「検事長」がいる。そして、数多くの「検事」と「副検事」がいる。そのうち各都道府県にある地方検察庁（地検）の長を務める検察官は「検事正」と呼ばれる。

このように、検察官は総称で、検事は検察官の中の一つの官名だ。

検察権の行使

そもそも「検察」とは「とりしらべて事情を明らかにすること。犯罪を捜査《そうさ》し証拠《しょうこ》を集めること。特に、犯罪を捜査《そうさ》し証拠《しょうこ》を集め公訴《こうそ》を起こすこと」（『広辞苑《こうじえん》』）とある。法律では、検察官のその職務について「検察官は、刑事《けいじ》について、公訴《こうそ》を行い、裁判所に法の正当な適用を請求《せいきゅう》し、且《か》つ、裁判の執行《しっこう》を監督《かんとく》し」（検察庁法第４条）「いかなる犯罪についても捜査《そうさ》をすることができる」（検察庁法第６条）などとされている。つまり、検察官の職務は、①刑事《けいじ》事件の捜査《そうさ》を行い、これを裁判所に起訴《きそ》（公訴《こうそ》を提起）するかどうか決め、②起訴《きそ》した事件について公判で立証し、裁判所に適正な裁判を求め、③裁判の執《しっ》行《こう》を指揮監督《かんとく》することである。これを検察権の行使という。

検察官は、犯罪の捜査《そうさ》から始まって、公訴《こうそ》の提起、公判の維持、そして刑《けい》の執行の指揮監督《かんとく》まで、刑事《けいじ》手続の全体にかかわるのだ。刑事《けいじ》司法の中核的な機能を担っているといえよう。

では、検察官の捜査《そうさ》は、警察の捜査《そうさ》とどこが違《ちが》うのだろうか。

犯罪が起きるとまず、捜査《そうさ》、すなわち証拠《しょうこ》を収集し、容疑者を逮捕《たいほ》し、取り調べをするのが警察だ。警察は、容疑者を逮捕《たいほ》したら、被疑者《ひぎしゃ》として48時間以内に身柄《みがら》を事件記録とともに検察庁に送る。事件を受けた検察庁では、検察官が、さらに証拠《しょうこ》を収集して、起訴《きそ》するかどうかを判断する。

起訴《きそ》は、原則として検察官のみができるものとされる。これを「起訴独占主義《きそどくせんしゅぎ》」という。警察官には起訴《きそ》する権限が与《あた》えられていない。そのため、警察官は、第一次的な捜査《そうさ》機関としての捜査《そうさ》を行い、検察官は、起訴《きそ》・不起訴《ふきそ》を決定するための捜査《そうさ》を行うといえる。

具体的には、検察官は、警察から送られてきた事件記録を検討したうえで、みずから被《ひ》疑《ぎ》者《しゃ》や参考人（被害者《ひがいしゃ》や目撃者などの関係者）を取り調べる。また、証拠《しょうこ》が不十分な点について、警察を指揮して補充捜査《ほじゅうそうさ》を行う。そして、収集した証拠《しょうこ》を分析《ぶんせき》し、どの証拠《しょうこ》がどのような意味をもつかを慎重に見きわめて、起訴《きそ》すべきか否かを判断する（警察から検察庁へ事件を送ることを送検というが、検察庁では「送致」という。なお、一般《いっぱん》には容疑者というが、正確には起訴《きそ》までは被疑者《ひぎしゃ》、起訴《きそ》後は被告人《ひこくにん》という）。

検察官がみずから証拠《しょうこ》収集を直接かつ積極的に行う点は、日本の検察がもつ特色のひとつだ。欧米《おうべい》などの検察は、公判活動が中心で、みずから被疑者《ひぎしゃ》を取り調べるなど直接捜《そう》査《さ》することはめったにない。

のちにくわしく説明するが、検察庁のなかにある特別捜査部《そうさぶ》（特捜部《とくそうぶ》と呼ばれることが多い）という部署の名前を聞いたことがあるだろう。東京地検、大阪地検、名古屋地検に置かれ、検察官みずから事件を検挙・摘発《てきはつ》する独自捜査《そうさ》を行っている。政治家がかかわる汚職事件、法律や経済の専門的な知識を要する企業《きぎょう》犯罪などについて、検察官と検察事務官がチームを組んで、被疑者《ひぎしゃ》の逮捕《たいほ》や関連場所の捜索《そうさく》など必要なすべての捜査《そうさ》を行う。独自捜査《そうさ》は、特捜部《とくそうぶ》のない地検でも行われており、検察官が第一線の捜査《そうさ》官としての力量を発揮する場となっている。

起訴《きそ》・不起訴《ふきそ》の判断

公判では、起訴《きそ》された人が有罪か無罪か、そして有罪であればどのくらいの刑《けい》にするかが審理《しんり》される。そのため検察官は、被疑者《ひぎしゃ》が犯人で間違《まちが》いないか、被疑者《ひぎしゃ》の行為が犯罪に当たるかについて捜査《そうさ》を尽《つ》くし、犯罪の動機や犯行後の被害《ひがい》弁償の有無などの情状についても捜査《そうさ》を行う。そして、被疑者《ひぎしゃ》が罪を犯したことが証拠《しょうこ》上明白であり、その訴追《そつい》が必要であると判断する場合に、裁判所に起訴《きそ》する。

日本の刑事《けいじ》裁判の有罪率は99%台と、世界でも例のない高率を誇《ほこ》っている。これは検察官が、十分な証拠《しょうこ》があり、確実に有罪判決が得られると判断した場合のみ、起訴《きそ》しているからだ。このことは、検察官の起訴《きそ》・不起訴《ふきそ》の判断が、犯人ではない者が誤って罰《ばっ》せられることを防止する役割を果たしているといえる。証拠《しょうこ》が不十分な時は、嫌疑《けんぎ》不十分という理由で不起訴《ふきそ》にする。

ほかにも、罪を犯したことが証拠《しょうこ》上明白であっても、犯罪の軽重や被疑者《ひぎしゃ》の性格、年齢《ねんれい》、生活環境《かんきょう》などを総合的に考慮《こうりょ》して、起訴猶予《きそゆうよ》という理由で不起訴《ふきそ》にすることがある。罪を犯しても、早期に社会復帰して社会内で更生《こうせい》する道が開かれているのだ。犯罪事実が認められても起訴《きそ》するか否かの判断を検察官にゆだねる制度を「起訴便宜主義《きそべんぎ》」「起訴《きそ》裁量主義」という。

このように、検察官は、起訴《きそ》する権限をもっていても、担当している事件をすべて起訴《きそ》するわけではない。そして、検察官の起訴《きそ》・不起訴《ふきそ》の判断は、被疑者《ひぎしゃ》・被告人《ひこくにん》にとっても、その犯罪に巻き込《こ》まれた人びと、ひいては社会全体にとっても、重大な影響《えいきょう》を与《あた》える。検察官は常にそれを意識して、適正に検察権を行使することが求められている。

独任制官庁としての検察官

検察権は、刑罰《けいばつ》権の実現という側面において行政権といえるが、起訴《きそ》の権限を始めとして司法権と密接不可分な関係にあり、準司法権としての性格をあわせもっている。その準司法的性格から、政治権力などの圧迫《あっぱく》や干渉《かんしょう》があってはならず、公正でなければならないという強い要請《ようせい》がある。そのため、職務上の独立性が認められている。

図表1 検察官の種類

最高検察庁(東京)
- 検事総長
- 次長検事

高等検察庁(東京、大阪、名古屋、広島、福岡、仙台、札幌、高松の8カ所)
- 検事長
- 次席検事

地方検察庁(都道府県庁所在地と北海道の函館、旭川、釧路の50カ所)
- 検事正
- 次席検事

区検察庁(全国の市、区、町など438カ所)
- 上席検察官
- 副検事

検察官は、その一人ひとりが検察権を行使する権限をもっている。たとえば、起訴《きそ》するか否かについて地検の検事正のみが決定できるのではなく、地検の個々の検察官が、それぞれ独立して判断し、自分の名前で処分をしているということからもそれがわかる。検察官が「独任制官庁」と呼ばれるゆえんである。この点、行政機関は、組織の長が国家意思の決定の権限をもち、組織に属する職員はその手足として組織の長の事務を補助する場合が多い。これと比較すると、独任制官庁であることは検察官の職務上の独立性を示すものとして、きわめて特徴《とくちょう》的だ。

また、検察官は身分が保障され、検察庁法で「その意思に反して、その官を失い、職務を停止され、又《また》は俸給《ほうきゅう》を減額されることはな

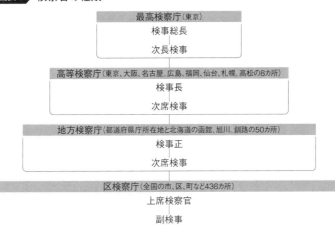

い」（第25条）とされている。これも、検察官の職務上の独立性を担保するものだ。

実際に検察官の日々の仕事ぶりをみると、みずから意思決定し、自主的に業務を遂行《すいこう》していくという点で自律性の高い仕事といえる。これは検察官の仕事の性質とも関係しているだろう。起訴《きそ》・不起訴《ふきそ》の判断も、公判での訴訟《そしょう》活動も、すべて証拠《しょうこ》に基づいて行う。そして、すべての証拠《しょうこ》をみずからの目で確認し理解しているのは、その事件の担当の検察官だ。被疑者《ひぎしゃ》や重要参考人を直接取り調べているのも、担当の検察官である。当然ながら事件はどれひとつとして同じものはない。そのため、その事件の証拠《しょうこ》をもっともよく把握《はあく》している担当の検察官の意見や判断こそが、まず尊重され重要とされるのだ。検察官は、みずからの名前で判断し行動することに責任の重さを自覚し、同時に、誇《ほこ》りをもって仕事をしている。

もちろん、独任制の官庁であるからといって、個々の検察官が勝手な判断で誤りを起こしてはならないし、同じような事件について検察官ごとに異なる処分をしてもいけない。そこで、上司が部下の検察官を指揮監督《かんとく》できるものとされている。このように全体としての統一を保つことのできる仕組みは「検察官同一体の原則」と呼ばれている。

決裁制度は、個々の検察官の検察権の行使に関して、上司である検察官が指導・助言する仕組みである。たとえば、殺人などの凶悪《きょうあく》重大事件を起訴《きそ》する時は、地検の検事正の決裁が必要となるし、公判で死刑や無期懲役刑《ちょうえきけい》などの重い刑罰《けいばつ》を求刑《きゅうけい》するさいには、地検での決裁を経たうえで、地検を管轄《かんかつ》する高検と協議することとなる。若手の検察官については、きめ細かなサポートがなされる。

独任制の官庁として、検察権の行使の権限と責任は、あくまでも個々の検察官にあり、意思決定は個々の検察官にゆだねられるが、その検察権の行使を適正なものとするために決裁の仕組みが機能し、組織として個々の検察官を支援《しえん》しているのだ。

検察の理念に、「権限の行使に際《さい》し、いかなる誘引や圧力にも左右されないよう、どのような時にも、厳正公平、不偏不党《ふへんふとう》を旨とすべきである」とある。検察官は、独任制の官庁として検察権の行使に関し、常に「厳正公平・不偏不党《ふへんふとう》」であることが強く求められている。それは検察官が捜査《そうさ》を通じて事案の真相を解明し、真に罰《ばっ》すべきものについて、これを起訴《きそ》し、罪に見合った刑罰《けいばつ》が科されるよう公判を遂行《すいこう》するという、刑事《けいじ》司法で重要な役割を担い、社会正義を実現する使命を負っているからだ。

検察の歴史

違法や不法なことを糾弾し粛清する役所が始まり

ドラマや映画で見る検察官の姿

検察官を主役にしたテレビドラマや映画を思い浮《う》かべてみよう。有名なのは「HERO《ヒーロー》」だろう。ほかにも「検事の本懐《ほんかい》」「検察側の罪人」などがある。このごろは女性検察官が主役となるドラマも多く見られるようになった。

ひと昔《むかし》前、テレビで描《えが》かれる刑事《けいじ》裁判というと、江戸時代の侍《さむらい》が登場する時代劇が主だった。奉行《ぶぎょう》と呼ばれる裁判官が主人公で、その仕事内容は検察官や弁護士を兼ねていた。近代の司法制度の導入により、いまや、たいていの人びとには、裁判といえば裁判官、検察官、弁護士の三役が登場するということが知られている。

法廷《ほうてい》ドラマの場面でよく登場する、強面《こわもて》の検察官と熱血漢の弁護士が対決するという場面も、今は昔。現在では情に厚く、正義感あふれる検察官が登場するドラマも少なくない。時代とともに、検察官のイメージもようやく実際の人となりに追いついてきたように思える。

検察の成り立ちと変遷《へんせん》

わが国の歴史では、律令制時代に京の非違《ひい》（違法《いほう》や不法なこと）を糾弾《きゅうだん》し、官人の綱《こう》紀粛清《きしゅくせい》（公務員としてあるまじきふるまいを正す）を司る役所として「弾正台《だんじょうだい》」が置かれた。親王や左右大臣以下の非違《ひい》をも、太政官を通さずにただちに天子に奏上することができたそうだ。

平安時代初期に編纂《へんさん》された歴史書『続日本紀《しょくにほんぎ》』の721年に「八月辛卯、改摂官記事、号為検事」とあり、「検事」が登場する最古の記述とされる。「摂官《せっかん》」は按察使《あぜち》ともいわれ、畿内《きない》諸国を監察《かんさつ》するために置かれた官職だ。その属官（下級官吏《かんり》）を、はじめ「記事」としたが、のちに改《あらた》めて「検事」となづける、とある。もちろん、検察制度とは関係ない。

また、平安時代には京に今の裁判官と警察を兼ねた「検非違使《けびいし》」が置かれ、治安を守ったとされる。このほか、江戸時代には奉行《ぶぎょう》・与力《よりき》、明治初期には刑法官《けいほうかん》なども置かれた。これらの制度は犯罪糾弾《きゅうだん》の役割をもっていたので、検察制度に似たところもある。

明治維新《いしん》後の1872年、わが国でもフランス革命後の司法改革に倣《なら》った「司法職務定制」が施行《しこう》された。これにより、刑事《けいじ》裁判の請求《せいきゅう》と立ち会いに従事する官吏《かんり》として検事が置かれ、わが国で検事という名称が使われた始まりとされる。

また、検事の職制が定められ、大検事、権大検事、中検事、権中検事、小検事、権小検事に検事補が追加された。

当時は司法省という役所があり、法務省と裁判所を兼ねていた。検事もここに勤務していて、必要に応じて地方の裁判所へ出向して仕事をしていた。

1875年、最高裁判所の前身に当たる大審院《だいしんいん》が設置され、近代司法制度が確立された。裁判所は大審院《だいしんいん》、上等裁判所、府県裁判所、区裁判所とされ、司法省裁判所は廃止《はいし》された。翌年には府県裁判所が地方裁判所と改称され、全府県に行政機構から独立した裁判機構がつくられた。

1889年、大日本帝国憲法が発布され、それを受けて翌年、「裁判所構成法」が施行《しこう》された。ドイツ法の影響《えいきょう》を受けた裁判・検察制度の基本法である。これにより、全国の裁判所に検事を置くことが明記され、戦後までわが国の司法制度の基本として大きな役割を果たした。

また、大審院《だいしんいん》の検事局に検事総長、大審院《だいしんいん》の下にある各控訴院《こうそいん》の検事局に検事長、各地方裁判所の検事局に検事正の役職を新設した。

明治末期の１９０９年には国会議員が収賄《しゅうわい》にからむ初の大規模汚職《おしょく》事件である「日糖《にっとう》事件」が起きた。これは大日本製糖《だいにほんせいとう》をめぐる汚職《おしょく》事件で、衆議院議員24人と同社重役７人が起訴《きそ》され、裁判の結果、議員21人と重役全員が有罪となった。藩閥《はんばつ》勢力や政党から独立した検察官僚《かんりょう》が司法部内で台頭し、検察権が拡大していく出発点になった事件である。

検察庁の誕生《たんじょう》

第二次世界大戦後、日本国憲法が制定され、三権分立の原則が確立され、司法制度は大きく変化した。敗戦から2年後の１９４７年5月３日、日本国憲法と同時に新しい裁判所法と検察庁法が施行《しこう》された。この日が検察庁の誕生日《たんじょうび》といえる。

この時より、司法省から裁判所が完全に独立し、最高裁判所が発足した。一方、検察は検察庁と改称され、内閣の法務省の統括《とうかつ》下に置かれた。さらに、裁判所から完全に独立し、裁判所に「対置」するようになった。検察の実務も日本国憲法とともに新たな一歩を踏《ふ》み出したのだ。

検察官の身分保証も明記

検察庁の誕生《たんじょう》とともに、検察庁法が定められ、検察官の身分も保証された。同法25条で、検察官は「その意思に反して、その官を失い、職務を停止され、又《また》は俸給《ほうきゅう》を減額されることはない」と定められた。検察権が外部からの圧力によって歪《ゆが》められることがなくなった。もちろん職を失うことが一切ないわけではなく、法務省に設置された検察官適格審査会《しんさかい》が不適格の判断を下すなどの場合は除く。検察官は、不断の工夫を重ねるとともに、優れた知見を探求し、国民に求められる役割を果たし続けていくこととなる。

明確にされた「検察の理念」

検察庁では、検察の使命と役割を明確にし、職員が職務を遂行《すいこう》するにあたって指針とすべき基本的な心構えを「検察の理念」として定めている。この規定は、検察職員がめざすべき方向を見失うことなく、いかなる状況《じょうきょう》においても使命感をもって職務にあたるとともに、検察の活動が適正に行われ、国民の信頼《しんらい》に支えられ続けることができるよう、検察の精神と基本姿勢を示している。以下の10項目《こうもく》にまとめられている。

1、　国民全体の奉仕者《ほうししゃ》として公共の利益のために勤務すべき責務を自覚し、法令を遵《じゅん》守《しゅ》し、厳正公平、不偏不党《ふへんふとう》を旨《むね》として、公正誠実に職務を行う。

2、基本的人権を尊重し、刑事手続《けいじ》の適正を確保するとともに、刑事《けいじ》手続における裁判官及《およ》び弁護人の担う役割を十分理解しつつ、自らの職責を果たす。

3、無実の者を罰《ばっ》し、あるいは、真犯人を逃《のが》して処罰《しょばつ》を免《まぬが》れさせることにならないよう、知力を尽《つ》くして、事案の真相解明に取り組む。

4、被疑者《ひぎしゃ》・被告人《ひこくにん》等の主張に耳を傾《かたむ》け、積極・消極を問わず十分な証拠《しょうこ》の収集・把握《はあく》に努め、冷静かつ多角的にその評価を行う。

5、取調べにおいては、供述の任意性の確保その他必要な配慮《はいりょ》をして、真実の供述

東京・霞が関にある検察庁

が得られるよう努める。

6、犯罪被害者《ひがいしゃ》等の声に耳を傾《かたむ》け、その正当な権利利益を尊重する。

7、関係者の名誉《めいよ》を不当に害し、あるいは、捜査《そうさ》・公判の遂行《すいこう》に支障を及《およ》ぼすことのないよう、証拠《しょうこ》・情報を適正に管理するとともに、秘密を厳格に保持する。

8、警察その他の捜査《そうさ》機関のほか、矯正《きょうせい》、保護その他の関係機関とも連携《れんけい》し、犯罪の防止や罪を犯した者の更生《こうせい》等の刑事《けいじ》政策の目的に寄与《きよ》する。

9、法律的な知識、技能の修得とその一層の向上に努めるとともに、多様な事象とその変化にも対応し得る幅広《はばひろ》い知識や教養を身につけるよう研鑽《けんさん》を積む。

10、常に内省しつつ経験から学び行動するとともに、自由闊達《かったつ》な議論と相互支援《そうごしえん》を可能とする活力ある組織風土を構築する。

法務省とのかかわり

検察庁は法務省の特別の機関

法務省の組織

法務省が入っている中央合同庁舎のとなりには、「赤れんが棟《とう》」と呼ばれる旧本館が保存されている。この建物は、明治政府の招きで来日したドイツ人建築家W・ベックマンらの設計により1895年に竣工《しゅんこう》された。その後、戦災のため、赤れんがの壁《かべ》以外が焼失したが、明治の官庁集中計画で唯一《ゆいいつ》生き残った歴史的建造物とされ、創建当時の姿に復元されている。

法務省は、法務大臣が統括《とうかつ》する行政官庁だが、代々の事務次官や官房長《かんぼうちょう》などの主要ポストは検事が務めている。国家公務員試験を経た職員が務めることの多い他省庁とは違《ちが》って、最高裁から出向してくる裁判官もいて、法曹《ほうそう》資格をもつ人が要職を担うという特徴《とくちょう》のある役所だ。事務次官を務めた後に検事長や検事総長に就任することもある。

大臣、副大臣、政務官、事務次官らの上部組織は他省庁と変わらない。その下に、行政全般《ぜんぱん》の調整を行う大臣官房《かんぼう》のほか、刑事局《けいじきょく》など6局が置かれている。

【民事局】

戸籍《こせき》や国籍、司法書士や土地家屋調査士の制度に関することや不動産登記の事務を担当するほか、民法、商法などの民事法制関係の企画《きかく》や法案作成、改正などを担当する。

【刑事局《けいじきょく》】

刑法《けいほう》、刑事訴訟法《けいじそしょうほう》などの刑事法《けいじほう》に関係する企画《きかく》、立案などを担当。さらに、検察庁に関する事務や組織運営にかかわる企画《きかく》、立案などを行う。犯罪人の引き渡《わた》しや国際犯罪に

検察庁のすぐそばに建つ赤れんが棟

図表2 法務省の組織図

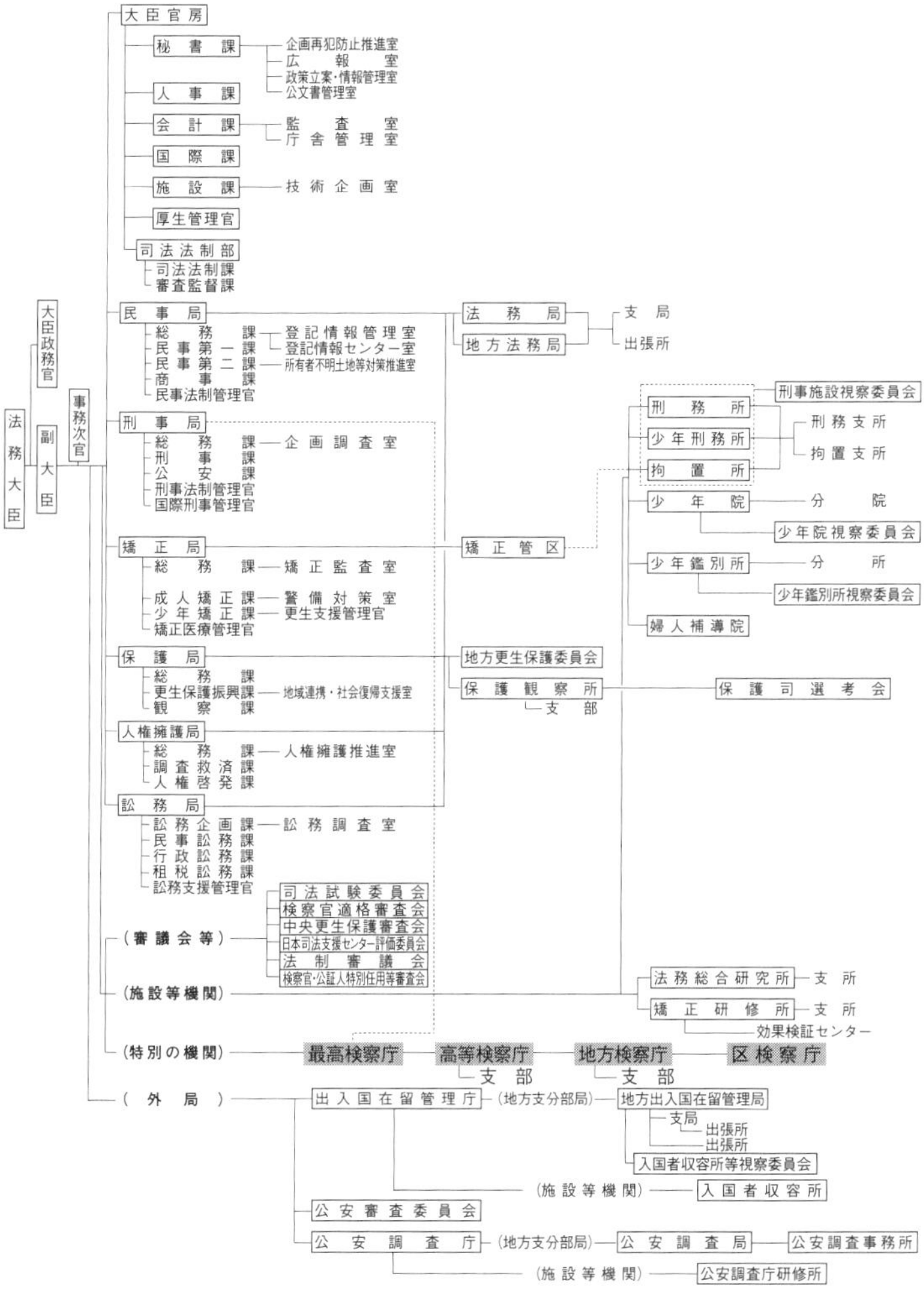

（法務省［令和元年5月31日現在］）より抜粋

関係する事務も担当する一方、確定した死刑判決《しけい》を検討し、法務大臣に執行《しっこう》命令を求めるのも任務の一つだ。

【矯正局《きょうせいきょく》】

全国の矯正施設《きょうせいしせつ》（刑務所《けいむしょ》、拘置所《こうちしょ》、少年院など）の管理、運営、保安警備、教育などを担当する。刑務所《けいむしょ》は実刑《じっけい》判決が確定した被告人《ひこくにん》を、拘置所《こうちしょ》は刑《けい》が確定していない未決勾《こう》留《りゅうちゅう》中の被告人《ひこくにん》をそれぞれ収容する。

【保護局】

矯正施設《きょうせいしせつ》から仮釈放され、保護観察中の人の世話などの事務を担当。恩赦《おんしゃ》に関する業務や保護観察付執行猶予《しっこうゆうよ》になった人などに保護司をつけるといった保護観察に関する事務も行う。

【人権擁護局《ようごきょく》】

国民の基本的人権を擁護《ようご》するため人権侵犯《しんぱん》事件の処理や人権相談、人権尊重の啓発《けいはつ》運動などにかかわる業務を担当する。市民から人権侵犯《しんぱん》の訴《うった》えがあった場合、調査して改善勧告などを行う。全国の市町村に人権擁護《ようご》委員を配置している。

【訟務局《しょうむきょく》】

国を当事者とする国家賠償《ばいしょう》請求《せいきゅう》、行政訴訟《そしょう》などの訴訟《そしょう》事務や各行政機関からの法的紛争に発展するおそれのある案件などについて法的意見を述べる事務を行う。

【その他】

外局として、出入国在留管理庁は、日本人や外国人の出入（帰）国審査《しんさ》をはじめ、不法滞在中の外国人の本国への送還《そうかん》手続きなども行い、全国の空港や港の出入国管理業務を所管する。また、公安調査庁は、世界のテロリズムや破壊《はかい》活動防止法の対象となるような暴力活動に関する情報を収集、抑止《よくし》のために活動している。

ほかに、法務総合研究所、国連アジア極東犯罪防止研修所（UNAFEI）なども置かれている。

法務省と検察庁

検察庁は、法務大臣を長とする法務省に属している。そのため法務大臣の指揮、監督《かんとく》を受ける。だが、政党政治家が法務大臣を務める現行の議院内閣制のもとでは、特定のイデオロギーや党派性によって検察が動かされかねない。もし、そうなった場合は検察庁だけでなく、日本の刑事《けいじ》司法そのものが国民の信頼《しんらい》を失いかねない。

そこで検察庁法では「法務大臣は具体的事件の取調べや処分などについては検事総長だけを指揮することが出来る」（第14条）と規定し、具体的事件について担当検察官を直接指揮、監督《かんとく》することに制限を加えている。法務大臣の指揮権発動は歴代法務大臣とも抑制《よくせい》的《てき》に対応しているが、これまでに発動されたケースが一度だけある。

　戦後の混乱期に朝鮮《ちょうせん》戦争が起き、日本中が朝鮮特需に沸《わ》いていた1954年4月のことだ。国による計画造船の融資《ゆうし》を巡《めぐ》って起きた「造船疑獄《ぎごく》」贈収賄《ぞうしゅうわい》事件で、政官財界の71人が逮捕《たいほ》された。捜査《そうさ》が当時の自由党幹事長、佐藤栄作《さとうえいさく》衆議院議員に及《およ》び、最高検が逮《たい》捕《ほ》を決めたところで、吉田茂《よしだしげる》首相の意向を受けた犬養健《いぬかいたける》法務大臣が重要法案の審議《しんぎ》を理由に逮捕《たいほ》を延期するよう、佐藤藤佐《さとうとうすけ》検事総長に指示、指揮権を発動した。佐藤総長は佐藤幹事長の逮捕《たいほ》を見送らざるを得ず、捜査《そうさ》は頓挫《とんざ》し、事件は終息に向かった。犬養大臣は翌日辞任した。

　この結果、佐藤幹事長は逮捕《たいほ》されず、造船業界からの寄付により政治資金規正法違反《いはん》に問われたが、国連加盟恩赦《おんしゃ》による大赦《たいしゃ》で免訴《めんそ》となり、その後、総理大臣にまで上《のぼ》り詰《つ》めた。だが、指揮権発動は検察史の汚点《おてん》とされ、吉田内閣も約7カ月後、総辞職に追《お》い込《こ》まれた。

組織と仕組み

最高検察庁をトップとしたピラミッド型の組織

検察庁の種類

検察庁は裁判所のクラスに対応して設置されている。最高裁判所に対し最高検察庁（最高検）、高等裁判所には高等検察庁（高検）、地方裁判所と家庭裁判所に対しては地方検察庁（地検）、簡易裁判所には区検察庁（区検）という具合。各裁判所の裁判は、対応する検察庁所属の検察官が担当する仕組みだ。

高検は東京《とうきょう》、大阪《おおさか》、名古屋《なごや》、広島《ひろしま》、福岡《ふくおか》、仙台《せんだい》、札幌《さっぽろ》、高松《たかまつ》の全国8カ所に置かれている。地検は県庁所在地と、北海道《ほっかいどう》には札幌のほか、函館《はこだて》、旭川《あさひかわ》、釧路《くしろ》にも置かれているので、合わせて50庁だ。さらに地検には支部があり、区検は全国で438庁にのぼる。

また、検察組織の最高責任者は、最高検の長である検事総長、その補佐役《ほさやく》が最高検の次

図表3 検察庁の組織

最高検察庁　1庁
高等検察庁　8庁（支部6庁）
地方検察庁　50庁（支部203庁）
区検察庁　438庁

「検察庁」資料より抜粋

長検事、高検の長は検事長、地検の長は検事正だ。高検、地検には次席検事が各1名置かれ、各庁の長につぐ立場にある。

各検察庁の役割と連携《れんけい》

続いて、それぞれの検察庁の役割を見ていこう。検察の現場といえば、まず最初に事件の捜査《そうさ》・公判を担当する地検だ。

地検では、決裁官である検事正、次席検事の下に三席検事と呼ばれる中堅《ちゅうけん》検事がいて、みずから主要事件を担当するほか、ほかの検察官の指導・助言に当たっている。規模の大きな地検では、部が置かれており、検事正、次席検事のほか、部長などが決裁を行う。たとえば東京地検、大阪地検、名古屋地検では、総務、刑事《けいじ》、交通、公安、特別捜査《そうさ》、公判の六つの部が置かれている。

主に警察から送られてくる事件を捜査《そうさ》しているのは、刑事《けいじ》部、交通部、公安部だ。このうち刑事《けいじ》部は、交通部や公安部で扱《あつか》う事件以外の事件を担当する。1章のインタビューに登場する東京地検の中畑知之さんは、この刑事《けいじ》部の本部係だ。本部係というのは、殺人などの凶悪《きょうあく》重大事件で警察が捜査《そうさ》本部を設置した事件などを担当する。警察が総力を挙げて捜査《そうさ》を行う重要事件において捜査《そうさ》事項を指揮し、起訴《きそ》すべきか否かを判断する、責任の重い仕事だ。

交通部は、交通事故や交通違反《いはん》などの事件を担当する。近年、飲酒、赤信号無視、あおり運転など悪質な運転による人身事故によって法律が改正されるなど、厳しい対処が求められており、難しい事件も多い。現場の遺留痕跡《こんせき》、防犯カメラやドライブレコーダーの記録、衝突《しょうとつ》実験など科学的捜査《そうさ》手法を駆使《くし》して、事案の解明に取り組んでいる。

公安部は、公安労働事件のほか薬物事件、暴力団事件、外国人関係の事件などを多く担当する。組織的な犯行も多く、たとえば覚せい剤や金塊《きんかい》の密輸の事件などでは、関係者が多数にわたり一部は海外にいるなどして、資金を移転しマネーロンダリングが行われることもある。国際捜査《そうさ》共助といって外国に捜査《そうさ》協力を求める仕組みなども活用し、多岐《たき》にわたる捜査《そうさ》事項を、客観的な証拠《しょうこ》と関係者の供述でひとつずつ解明し、事案の全貌《ぜんぼう》に迫《せま》る。

特別捜査《そうさ》部は、検察官が直接告訴《こくそ》・告発を受けた事件、関係機関から告発を受けた事件、検察官が認知した事件などを捜査《そうさ》する。汚職・企業《きぎょう》犯罪等についての独自捜査《そうさ》のほか、公正取引委員会から告発を受けるカルテル・談合等の独占禁止法違反《いはん》の事件、証券取引等監視《かんし》委員会から告発を受けるインサイダー取引や相場操縦などの金融《きんゆう》証券犯罪、国税局から告発を受ける脱税事件などの財政経済事件を扱《あつか》う。収集した膨大《ぼうだい》な資料を読み解くためには、企業《きぎょう》活動が行われているさまざまな分野に精通し、金融《きんゆう》・会計・税務など

図表4 地方検察庁の機構（東京地方検察庁の例）

検事正	次席検事	事務局	総務課	厚生等に関する仕事
			人事課	人事や給与等に関する仕事
			文書課	文書の授受発送等に関する仕事
			会計課	予算や国有財産等に関する仕事
			用度課	物品の受入、払出及び保管等に関する仕事
		総務部	企画調査課	企画調査や情報の公開等に関する仕事
			情報システム管理課	検察情報処理システムの管理等に関する仕事
			教養課	教養指導等に関する仕事
			司法修習課	司法修習生の修習指導等に関する仕事
			監査課	事務監査等に関する仕事
			検察広報官	広報活動に関する仕事
			（検務部門） 検務監理官 統括検務官 検務専門官	事件の受理処理等に関する仕事
				証拠品の受入，保管や処分等に関する仕事
				令状請求やその執行等に関する仕事
				刑の執行等に関する仕事
				徴収金等に関する仕事
				逃亡被告人の収容等に関する仕事
				犯歴の調査等に関する仕事
				恩赦や保護等に関する仕事
				記録の保存等に関する仕事
		刑事部	（捜査・公判部門） 首席捜査官 次席捜査官 統括捜査官 主任捜査官	刑事事件の捜査等に関する仕事 刑事事件に係る資料の収集整備等に関する仕事
		交通部		交通関係事件の捜査等に関する仕事 交通関係事件に係る資料の収集整備等に関する仕事
		公安部		公安関係事件の捜査等に関する仕事 公安関係事件に係る資料の収集整備等に関する仕事 国際関係事件の捜査等に関する仕事 国際関係事件に係る資料の収集整備等に関する仕事
		特別捜査部		特別事件の捜査等に関する仕事 特別事件に係る資料の収集整備等に関する仕事
		公判部		公判運営等に関する仕事 公判遂行に係る資料の収集整備等に関する仕事

東京地方検察庁ホームページ資料より

の専門的な知識を習得していることが必要となる。

なお、東京地検と大阪地検にはＤＦセンターが置かれている。パソコン、スマートフォンなどのデジタルデータに関してデジタル・フォレンジック（デジタルデータを適正な手続により保全し、犯罪立証のために解析《かいせき》する手法・技術）を活用しており、全国のＤＦ捜《そう》査《さ》の支援《しえん》も行っている。１章のインタビューに登場する横浜地検の平光信隆さんが仕事をしている特別刑事《けいじ》部も、独自捜査《そうさ》をする部署であり、東京、大阪、名古屋以外の主要な地検に置かれている。

公判部の検察官の仕事は、公判に立ち会い、法廷《ほうてい》で証拠《しょうこ》により犯罪事実や情状に関する事実を立証することだ。書面や証拠《しょうこ》物の提出、証人尋問《じんもん》などを行い、最後に論告・求刑の意見を述べる。裁判員制度が開始されると、裁判員が審理《しんり》の内容を十分に理解できるような主張・立証が求められるようになった。そのため、事前に裁判所や弁護人と争点について打ち合わせをしたり、公判に提出する書面の用語やレイアウトを工夫するなど、時間をかけ入念な準備をして法廷《ほうてい》に臨んでいる。

総務部は、事件の受理・処理、証拠《しょうこ》品の保管、令状の管理、刑の執行、記録の保管などの事務を行っており、主に検察事務官が活躍《かつやく》する領域《りょういき》である。どの仕事も関係者の身体・財産に直結し、また、個人情報を扱《あつか》うため、気を抜《ぬ》くことは許されず、一つひとつに適正な処理が求められる。総務部には、被害者支援《ひがいしゃしえん》や再犯防止などの担当者が置かれることも多い。

こうした部が置かれない中小地検では、一人の検察官が捜査《そうさ》も公判も担当し、独自捜査《そうさ》をすることもある。

また、地検管内におかれている区検では、簡裁に対応する事件を取り扱《あつか》っており、交通違反《いはん》や比較的《ひかくてき》軽い刑事《けいじ》事件の処理を行っている。

つぎに、高検の主な任務は、地裁及び簡裁の行った裁判に対する控訴《こうそ》事件について、高裁で行われる控訴審《こうそしん》に立ち会うことだ。控訴審《こうそしん》は事後審《じごしん》で、第一審《だいいっしん》の判決に誤りがあるかどうかを審理《しんり》するのが目的なので、法廷《ほうてい》では第一審《だいいっしん》の証拠が取り調べられ、必要があれば事実の取り調べが行われる。あわせて高検は、管内の地検の指導・監督《かんとく》も行う。

最高検は全国に1カ所、東京・霞《かすみ》が関《せき》にある。高裁の裁判に対する上告により最高裁で行われる事件を担当する。上告理由は原則として憲法違反《いはん》と判例違反《いはん》に限られており、法廷《ほうてい》で事実関係が取り調べられることはない。また、最高検は高検を通じて、全国の検察庁で扱《あつか》っている重要事件の捜査《そうさ》状況や公判の進捗状況《しんちょくじょうきょう》についての報告を受けている。

最高検の検察官は、その多くが検事正や次席を経験したベテラン検事で、検事総長及《およ》び次長検事の下で、その豊富な経験をもとに全国の高検及び地検の実情を把握《はあく》しつつ、必要な指導・助言や支援《しえん》をしている。

検察官の仕事

犯罪の捜査、公訴の提起と公判の維持が主な仕事

犯罪の捜査《そうさ》にたずさわる

検察官の主な仕事は、犯罪の捜査《そうさ》、公訴《こうそ》の提起と公判の維持《いじ》である。

刑事《けいじ》裁判の手続きなどを定めた「刑事訴訟法《けいじそしょうほう》」では、警察に第一次捜査権《そうさけん》を認めている。

検察官については、「必要と認めるときは、自ら犯罪を捜査《そうさ》することができる」（第191条）。さらに、同法では、検察官と警察官は捜査《そうさ》に関し、「互《たがい》に協力しなければならない」（第192条）としている。そのうえで、検察官は警察官に対し、必要な指示や指揮をする権限がある。

具体的な手順としては、警察が被害《ひがい》の届け出や職務質問などで事件発生の端緒《たんしょ》をつかんだら、まず警察の手で捜査《そうさ》して被疑者《ひぎしゃ》を割り出し、証拠《しょうこ》を保全し、場合によっては裁判官

から逮捕状《たいほじょう》の発付を受けて被疑者《ひぎしゃ》を逮捕《たいほ》する。

警察が捜査《そうさ》した事件は、原則としてすべてを検察庁に送致しなければならない。捜査《そうさ》記録や証拠物《しょうこ》だけを送る「書類送検」と、被疑者《ひぎしゃ》の身柄《みがら》とともに送る「身柄送検《みがら》」がある。

検察庁では、送致を受けた事件について、検察官が捜査《そうさ》記録や証拠物《しょうこ》を検討し、さらに捜査《そうさ》を行った上で被疑者《ひぎしゃ》を裁判所に起訴《きそ》するかどうかを決定する。これが、検察官の仕事でいうところの、事件処理である。

警察が被疑者《ひぎしゃ》を逮捕《たいほ》して身柄を拘束《こうそく》できる時間は逮捕《たいほ》から48時間だが、検察官は送られてきた被疑者《ひぎしゃ》について、裁判官に10日間の勾留《こうりゅう》を請求《せいきゅう》できる。それでも不十分の場合は、裁判官にさらに10日間の勾留《こうりゅう》期間の延長を請求《せいきゅう》できる。そして、裁判官が勾留《こうりゅう》を決定して勾留《こうりゅう》状《じょう》を発付し、あるいは期間延長を決定すると、その期間、被疑者《ひぎしゃ》を勾留《こうりゅう》することとなる。

検察庁に送られてきた事件の捜査《そうさ》記録には、警察での被疑者《ひぎしゃ》や参考人の供述調書、犯行場所の写真や図面、関係者のパソコンやスマートフォン等の記録、ＤＮＡ型鑑定《かんてい》や指紋《しもん》照合の結果など、さまざまな証拠《しょうこ》が綴《つづ》られている。犯行に使われた凶器《きょうき》などが証拠物《しょうこ》として送られてくることも多い。検察官は、証拠《しょうこ》が不十分な時は、警察に補充捜査《ほじゅうそうさ》を指揮し、みずから被疑者《ひぎしゃ》や重要な参考人を取り調べる。そして、収集した証拠《しょうこ》の内容を十分に検討したうえで、起訴《きそ》するか否かを判断する。

検察官が事件送致前に捜査《そうさ》に関与《かんよ》することもある。たとえば犯人が不明、あるいは逃走中で、警察に捜査《そうさ》本部が設置される凶悪《きょうあく》重大犯罪の場合、事件の発生段階から検察官が現場に急行し、証拠《しょうこ》の収集の方針などについて指示をする。また、汚職や詐欺《さぎ》・横領などの知能犯罪の場合、検察官は適用する法律や収集すべき証拠《しょうこ》について警察と事前に打ち合わせておく。いずれも、起訴《きそ》の権限は検察官にあるので、起訴《きそ》・不起訴《ふきそ》の判断に必要な証拠《しょうこ》収集がスムーズになされるよう、早期に事件捜査《そうさ》に関与《かんよ》するのだ。

起訴《きそ》するかどうかを判断

検察官は必要な捜査《そうさ》を遂行《すいこう》すると、被疑者《ひぎしゃ》を起訴《きそ》するかどうかを判断する。犯人ではない者が罰《ばっ》せられることのないように、十分な証拠《しょうこ》があり、確実に有罪判決が得られると判断した場合のみ、被疑者《ひぎしゃ》を裁判所に起訴《きそ》する。証拠《しょうこ》が不十分と判断した時は、嫌疑《けんぎ》不十分として不起訴《ふきそ》にする。また、罪を犯したことが証拠《しょうこ》上、明白であっても、犯罪が重いかどうか、犯行後の状況《じょうきょう》はどうか、被疑者《ひぎしゃ》はどんな性格か、年齢《ねんれい》はいくつか、どんな生活環境《かんきょう》かなどを総合判断して、不起訴《ふきそ》にすることもある。これを起訴猶予《きそゆうよ》という。拾った少額のお金をそのまま持ち去るというような軽微《けいび》な事案では、起訴猶予《きそゆうよ》として不起訴《ふきそ》になることもある。

検察官が起訴《きそ》すると決めたら、審理《しんり》を求める具体的な犯罪事実を明記した起訴状《きそじょう》を作成して、管轄《かんかつ》する裁判所に提出しなければならない。起訴《きそ》には、法廷《ほうてい》で裁判が開かれる公判請求《せいきゅう》と、被疑者《ひぎしゃ》の同意を得て、簡裁に対して法廷《ほうてい》を開かず書面審理《しんり》で刑《けい》（罰金・科料のみ）を科すことを求める略式命令請求《せいきゅう》がある。

被疑者《ひぎしゃ》が起訴《きそ》されると「被告人《ひこくにん》」と呼ばれるようになる。メディアでは「被告《ひこく》」と呼んでいる場合が多い。

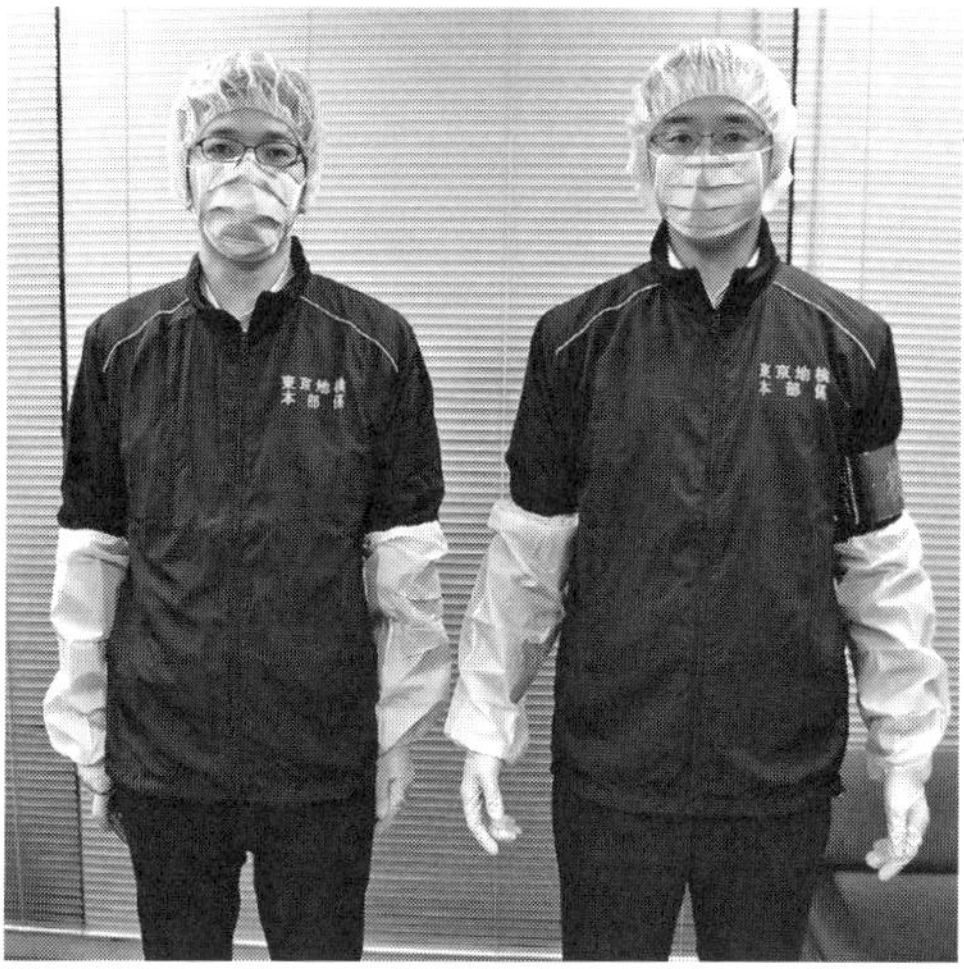
証拠品を扱うさいにはマスクや手袋を着用する

一方で、事件が不起訴《ふきそ》になったことの当否を審査《しんさ》する、検察審査会《けんさつしんさかい》という機関もある。検察審査《しんさ》会は、犯罪の被害《ひがい》にあった人や犯罪を告訴《こくそ》・告発した人から申し立てがあった時に、検察官が不起訴《ふきそ》とした処分が妥当《だとう》かどうかを審査《しんさ》するというものだ。国民の中から選ばれた検察審査《しんさ》員が審査《しんさ》をする。検察官の職務に、さらに私たち国民の判断を反映させて、適正な運営を図ろうという目的がある。「不《ふ》起訴《きそ》不当」「起訴《きそ》相当」の判断を検察審査《しんさ》会が出した場合は、検察官が再度捜査《そうさ》して判断を下す。そこで再び検察官が不起訴《ふきそ》とした場合、検察審査会《けんさつしんさかい》の最初の判断が「不起訴相当《ふきそ》」であったならば、不起訴《ふきそ》の処分は覆《くつがえ》らないが、「起訴相当《きそ》」であったならば、検察審査《しんさ》会においてあらためて審査《しんさ》し、起訴《きそ》議決により起訴《きそ》の手続がとられることもある。検察審査《しんさ》会は、検察官の不起訴《ふきそ》処分について起訴《きそ》すべきと判断をするなど重要な機能をもっている。

法廷《ほうてい》での証明と適正な刑罰《けいばつ》

起訴《きそ》された刑事《けいじ》事件の第一審《だいいっしん》は簡易裁判所（簡裁）か地方裁判所（地裁）で審理《しんり》される。規模の小さな地検では、捜査《そうさ》も公判立ち会いも同じ検察官が行うことが多く、これを「主任立会」という。規模の大きな地検では、捜査《そうさ》と公判は別の検察官が担当する。

公判担当の検察官の仕事の流れを以下に説明しよう。

①公判前整理手続

裁判員制度の対象となる重大事件の裁判では、審理《しんり》のスピードアップが求められる。そのため、公判前に裁判官、検察官、弁護人の三者があらかじめ争点を整理し、立証する証《しょう》拠《こ》書類や証人について打ち合わせを行う。公判の回数や判決言《い》い渡《わた》しまでの期間などが決まってから、初公判が開かれている。

②公判

検察官が被告人《ひこくにん》の起訴《きそ》事実を記載した起訴状《きそじょう》を朗読することから始まる。これに対し、被告人《ひこくにん》が起訴状《きそじょう》の内容を認めるかどうかについての「罪状認否」が行われる。その後、裁判官は弁護人にも起訴状《きそじょう》に関する意見を求める。ここまでが「冒頭手続《ぼうとう》」と呼ばれる。ここで被告人《ひこくにん》側が罪を認めれば、自白事件とされ、後は被告人《ひこくにん》の情状をどのように判断するかが中心となる。一方、被告人《ひこくにん》側が容疑を一部分でも否認すると否認事件となり、検察側は犯罪事実を立証するための証人の出廷《しゅってい》を求めるなど、法廷《ほうてい》内での攻防が続くことになる。

冒頭《ぼうとう》手続が終わると、「証拠《しょうこ》調べ手続」が行われる。証拠《しょうこ》調べ手続では、まず検察官が法廷《ほうてい》に立ち、証拠《しょうこ》に基づいて証明しようとする事実を述べる「冒頭陳述《ぼうとうちんじゅつ》」を行う。ここで被告人《ひこくにん》の生い立ち、犯行に至《いた》る経緯《けいい》、犯行状況《じょうきょう》、被害《ひがい》の実態などが示される。これによって、裁判所に審理《しんり》の対象を明らかにするとともに、被告人《ひこくにん》側に防御の範囲《はんい》を示すことになる。

ここからが検察官の腕《うで》の見せどころで、一般《いっぱん》の事件では一人の、重要事件となると複数の検察官が立ち会い、協力して証人尋問《じんもん》等の立証活動を行う。被告人《ひこくにん》が突如公判で新たな主張をした場合などには、立証計画を変更し、証人を追加するケースもある。こうして裁判官が適切な心証を形成できるよう努力を重ねる。

図表5　刑事事件の流れ

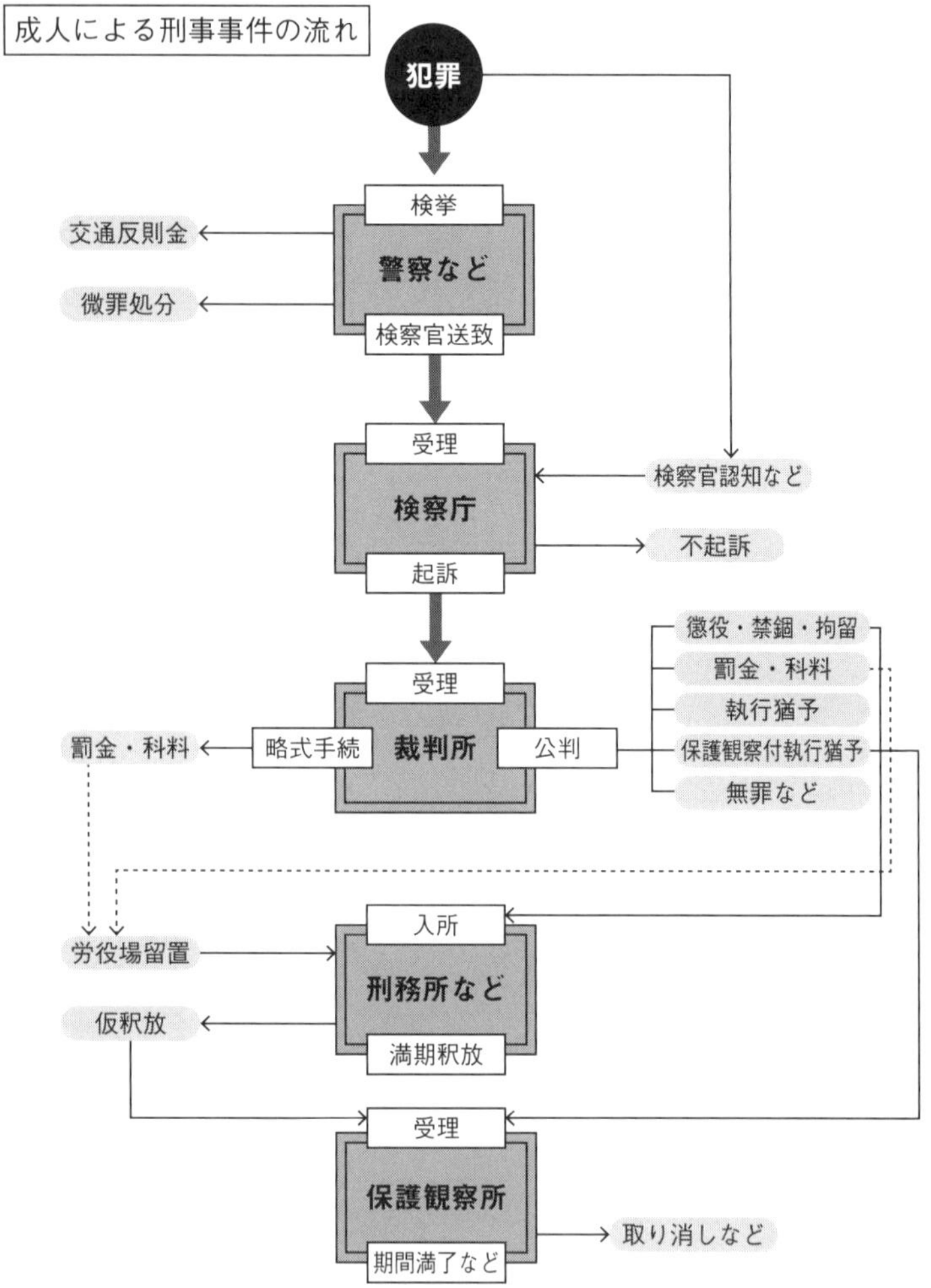
成人による刑事事件の流れ
犯罪
検挙
警察など
検察官送致
交通反則金
微罪処分
受理
検察庁
起訴
検察官認知など
不起訴
受理
裁判所
略式手続
公判
罰金・科料
懲役・禁錮・拘留
罰金・科料
執行猶予
保護観察付執行猶予
無罪など
入所
刑務所など
満期釈放
労役場留置
仮釈放
受理
保護観察所
期間満了など
取り消しなど

一方、弁護側も証人を申請《しんせい》するなどして犯罪事実を否定する反証を行う。また、検察官が証拠《しょうこ》として提出した血液などの科学的鑑定《かんてい》の結果に異論を唱え、別の専門家による再鑑《かん》定《てい》等を申請《しんせい》することもある。

その後、直接被告人《ひこくにん》に事実を確認する「被告人質問《ひこくにん》」を行って証拠調《しょうこしら》べが終了《しゅうりょう》する。続いて裁判は「弁論手続」に移り、検察官が「論告」を行い、求刑《きゅうけい》をしたら、弁護人の「弁論」に進む。最後に被告人《ひこくにん》本人が意見や心境を述べる「最終陳述《ちんじゅつ》」を行い、結審《けっしん》となる。後は裁判所の判決宣告を残すのみで、事実に争いがなければ2、3回の公判で判決言《い》い渡《わた》しまで終了《しゅうりょう》する。

だが、裁判員裁判導入前は、1980年代に起きたオウム真理教事件のように、裁判が10年近くかかる場合もあった。裁判員裁判では、一般《いっぱん》国民である裁判員の負担を考慮《こうりょ》して、できるだけ数日程度で結審《けっしん》させる必要があるようだ。

③上訴《じょうそ》

第一審《だいいっしん》の判決に不服がある場合、被告人《ひこくにん》、検察官ともに高裁に控訴《こうそ》することができる。高裁の判決にも不服があれば最高裁に上告することができる。控訴《こうそ》と上告の手続きを合わせて上訴《じょうそ》という。最高裁への上告理由は憲法解釈に誤りがある場合や判例に反する場合などに限られている。

なお、高裁の審理《しんり》は高検検事が、最高裁の審理《しんり》は最高検検事が担当する。

裁判員制度導入にともなう変化

「裁判員の参加する刑事《けいじ》裁判に関する法律」は2004年5月に成立し、2009年5月から裁判員制度が始まった。この制度は、無作為《むさくい》に選ばれた一般《いっぱん》国民が裁判員として刑《けい》事《じ》裁判に参加し、被告人《ひこくにん》が有罪かどうか、有罪の場合、どのような刑《けい》にするかを裁判官といっしょに決める制度だ。裁判員裁判は、裁判官3人と裁判員6人で行う。

裁判の対象となるのは、殺人罪や身代金目的誘拐罪《ゆうかいざい》などの重大な犯罪に関する事件だ。2019年6月からは、裁判員裁判対象事件などについて、逮捕《たいほ》・勾留中《こうりゅうちゅう》に行われる被《ひ》疑者《ぎしゃ》取り調べの録音・録画（可視化）が義務づけられた。弁護人の立場からすると、被疑《ひぎ》者《しゃ》が取り調べ段階で不正確なことまで話してしまうと、公判での弁護活動が難しくなる。そこで弁護人は最初から黙秘《もくひ》させる弁護活動をとるケースが増えている。

東京地検で公判を担当している中堅《ちゅうけん》検察官はつぎのように話してくれた。

「以前と比べ、被疑者《ひぎしゃ》に取り調べ段階で真実を語らせることが難しくなっています。そのため客観証拠《しょうこ》や目撃者《もくげきしゃ》の証言などで立証していかなければならない部分が増えています」

さらに公判では、「被告人《ひこくにん》に真実を語らせることができなくても、裁判官や裁判員に『真実はこうだったんだ』『被告人《ひこくにん》は嘘《うそ》をついている』と考えるに至るよう働きかけることができます」と語り、具体的な例として自分が担当した実子殺害事件の裁判を例に挙げた。

その事件では、被告人《ひこくにん》は実子殺害を否認しており、法廷《ほうてい》では「子どもが動かなかったので、（死んだと思い）救急車を呼びました」と述べた。だが、その前にオムツの交換《こうかん》の時間などがあったはずだと思い、検察官は「その時、子どもはどうでしたか」と聞いたところ「生きていました」と答えた。しかし、被告人《ひこくにん》がオムツ交《こう》換《かん》をした時刻は、医師が確認した死亡時刻よりも後になり、被告人《ひこくにん》の供述に客観的におかしな点が生じてくる。したがって、殺害を認めてい

公判での立証がカギ

なくても供述の信憑性《しんぴょうせい》が揺らいでくることになる。

検察官は「嘘《うそ》をついていれば、どこかに矛盾点《むじゅんてん》があるはずです。もし、それが真実なら、当然こういうことをしているとか、しなければいけないことをしていないとか、いろいろ考えて追及《ついきゅう》していくと、必ずほころびが生じます。公判は裁判官や裁判員に検察官と被告人《ひこくにん》のやり取りを見てもらい、どちらが正しいのかという心証をもってもらうことができる場なのです」と語っている。

被害者支援《ひがいしゃしえん》と再犯防止の取り組み

捜査《そうさ》や裁判を行うためには、犯罪《はんざい》の被害《ひがい》にあった人たちから協力を得ることが必要となる。被害者《ひがいしゃ》は、事情聴取や裁判で証人として証言することなどが求められる。

一方で、犯罪によって困難に直面した被害者《ひがいしゃ》に対しては、犯罪被害者《ひがいしゃ》保護・支援《しえん》のための制度が用意されている。検察庁では、被害者《ひがいしゃ》の相談に応じて、これらの制度について説明し、また、事件の処理結果、刑事《けいじ》裁判の結果、被告人《ひこくにん》の受刑《じゅけい》中の刑事施設《けいじしせつ》における処遇状況《じょうきょう》、出所時期などに関する情報をできるかぎり提供している。事件記録の閲覧《えつらん》、証拠《しょうこ》品の返還《へんかん》などの手続きの手助けなども行っている。

さらに、検察庁では、罪を犯した者の更生《こうせい》のために、再犯防止と社会復帰の支援《しえん》の取り組みを関係機関と協力して行っている。新たな被害者《ひがいしゃ》をつくらないために、罪を犯した人が社会の中で孤立《こりつ》せずに調和して生きていけるよう取り組んでいる。

刑《けい》の執行《しっこう》

刑事《けいじ》裁判で有罪判決が言《い》い渡《わた》された場合、執行猶予《しっこうゆうよ》がつけば被告人《ひこくにん》は帰宅することもできるが、実刑《じっけい》判決が確定すれば刑務所《けいむしょ》で懲役《ちょうえき》などの刑《けい》に服する。刑《けい》が確定すれば、検察官が刑《けい》の執行《しっこう》を指揮し、被告人《ひこくにん》の身柄《みがら》は刑務所《けいむしょ》に収容される。保釈後、被告人《ひこくにん》が逃走《とうそう》した場合、探し出して収容するのも検察官及《およ》び検察事務官の仕事だ。

刑務所《けいむしょ》を管轄《かんかつ》するのは法務省矯正局《きょうせいきょく》で、矯正局長《きょうせいきょくちょう》は、検事の身分をもつ法務官僚《かんりょう》が務めることもある。死刑《しけい》判決が確定した死刑《しけい》確定者に対して拘置所《こうちしょ》内で刑《けい》が執行《しっこう》される場合、拘置所《こうちしょ》を管轄《かんかつ》する高検か地検の検察官が立ち会うことになっている。

社会の犯罪を追う捜査《そうさ》機関

特捜部《とくそうぶ》は、東京、大阪、名古屋の三つの地検にだけ置かれている。公正取引委員会、証券取引等監視《かんし》委員会、国税局などが法令に基づき告発した事件についての捜査《そうさ》、汚職・企《き》業《ぎょう》犯罪等についての独自捜査《そうさ》などに日夜取り組んでいる。また、1章インタビューに登場する平光信隆さんのように、この3地検以外の主要都道府県の地方検察庁にも独自捜査《そうさ》をする特別刑事部《けいじ》が置かれている。

特捜部《とくそうぶ》が取り扱《あつか》う事件は、直接の被害者《ひがいしゃ》がいない犯罪や密室で行われる犯罪が多く、「目に見えない犯罪の捜査《そうさ》」といわれる。

特捜部《とくそうぶ》の取り扱《あつか》った事件のうちいくつかは歴史的にも知られている。1900年代に発覚したロッキード事件では、「昭和の太閤秀吉《ひでよし》」といわれた田中角栄《たなかかくえい》元首相を逮捕《たいほ》・起訴《きそ》した。政治家や官僚《かんりょう》が未公開株式を賄賂《わいろ》として受け取ったリクルート事件、ゼネコン各社が国会議員や県知事に賄賂《わいろ》を贈《おく》ったゼネコン汚職事件などでも活躍《かつやく》が続いた。

一方で、2009年に郵政不正に絡《から》む事件で、厚労省元局長（当時は課長）が無罪になり、さらに捜査《そうさ》に当たった大阪地検特捜部《とくそうぶ》の検察官が証拠《しょうこ》を改竄《かいざん》したとして、上司も含《ふく》めて証拠隠滅《しょうこいんめつ》などの罪に問われ、世間から厳しい批判を浴びたこともある。

このため、法務省は2010年に「検察の在り方検討会議」（法相の私的諮問《しもん》機関）を設置、有識者らによる討議を重ねた。その結果、「検察の再生に向けて」と題する提言がまとまり、このなかで内部監察《かんさつ》体制の構築、取り調べの可視化の拡大、供述調書に依存《いぞん》した捜査《そうさ》・公判の見直しなどが指摘《してき》された。この提言を受けて、検察庁では、取り調べの録音・録画の拡充《かくじゅう》や科学的捜査《そうさ》手法の向上などにより、新たに強い検察を確立すべく、努力を続けている。

また、記憶に新しいところでは、2018年11月、東京地検特捜部《とくそうぶ》によるカルロス・ゴーン日産自動車《にっさんじどうしゃ》前会長の逮捕《たいほ》を巡る事件がある。捜査《そうさ》は国際的な広がりを見せ、この事件では被疑者《ひぎしゃ》・被告人《ひこくにん》の勾留《こうりゅう》のあり方も含めて日本の刑事《けいじ》司法制度が世界的にも注目されることとなった。

今後、検察庁は、権力者の不正の摘発《てきはつ》をめざすだけでなく、国際化する犯罪にも対峙《たいじ》し、適正な手続きによりながら、社会の不正に果敢《かかん》に切り込《こ》んでいくことが期待される。

Column

風呂敷《ふろしき》を使うと仕事をしている実感

「荷物を風呂敷《ふろしき》に包んで運ぶ」といえば、レトロな感じがするが、検察庁では今も風呂敷《ふろしき》が大手を振《ふ》って使われている。なぜだろうか。

　東京地検で風呂敷《ふろしき》の効用を説明してくれたのは、刑事部《けいじぶ》の八尾香沙音《やおかさね》さん。1991年、兵庫県《ひょうごけん》で生まれ、神奈川《かながわ》県などで育った。法科大学院卒業後、司法試験に合格。2017年に任官。翌年4月から東京地検勤務。

　半年間在籍《ざいせき》した公判部で、東京地裁に出かける時はいつも風呂敷《ふろしき》に証拠《しょうこ》書類を包んで運んでいたという。先ほどの疑問に答えてもらった。

「事件の記録は分厚くなることが多く、ふつうの鞄では収まりにくいのです。風呂敷《ふろしき》は厚みのある記録でもしっかり包めます。また、筆箱《ふでばこ》や細々したものも全部ひっくるめて包めるのもいいし、荷物が少ない時はコンパクトにもできます。使わない時は畳《たた》んでしまっておけるので、鞄と違《ちが》っていろいろな使い方ができて便利です」

　最近は一般の人でもマイ風呂敷《ふろしき》を持っている人も多く、なかにはふだんから華《はな》やかな生地の風呂敷《ふろしき》を使っている知人もいるという。一方、検察庁で使用される風呂敷《ふろしき》は官給品だ。紺色《こんいろ》で、法務省の紋章《もんしょう》である「五三の桐《きり》」が大きく染《そ》め抜《ぬ》かれているのが特徴《とくちょう》。「五三の桐《きり》」はもともと皇室の紋章《もんしょう》で、名誉《めいよ》ある紋《もん》といわれる。

「日常生活では風呂敷《ふろしき》を使ったことがなかったので、地検の名前とマークが入った風呂敷《ふろしき》を使うと、仕事をしているなという感じがします。法曹《ほうそう》三者のうち、検察官だけが風呂敷《ふろしき》を持っているので、誇《ほこ》らしいというか、検事になったと実感します」

　ところで、八尾さんはなぜ検察官を志望したのか、その理由を聞いた。

「子どものころはミステリーが好きで、なんとなく検事にあこがれていました。大学で刑事訴訟法《けいじそしょうほう》を学び、被疑者《ひぎしゃ》、被告人《ひこくにん》にいちばん近いところで本人の話を聞いて、人権にも配慮《はいりょ》しながら適切な判断を下せるのが検察官かなと考えて、検事になりたい気持ちが強くなりました。

法科大学院に入ってから裁判官もおもしろいなと思って迷いました。でも、司法修習の時、被疑者《ひぎしゃ》が起訴《きそ》される前に、背景事情も考慮《こうりょ》して事件を適切に判断できる検事を見て、検事の仕事はやはり魅力《みりょく》的だし、やりがいもあると思って決めました」

続いて、検事としての目標を聞いた。八尾さんは「まだ任官して1年半弱で、大きな目標まで思《おも》い浮《う》かびませんが、少なくとも自分の目の前に来た被害《ひがい》者《しゃ》、被疑者《ひぎしゃ》のことをきちんと考えて取り調べをできるような検事になりたいです」と答えてくれた。

また、検事の仕事は、自分で決められるというところに魅力《みりょく》があると語る八尾さん。

「検事は、新任であっても自分が主体となって重要な判断、つまり起訴《きそ》するかどうかまで自分で担える仕事です。自分で知りたい、自分でやりたいと思う人ならやりがいをもってできる仕事だと思います」

今後、一歩一歩、検察庁を担う一員としてがんばっていってほしい。

検事と同じように活躍する副検事と重要な役割を担う検察事務官

検事とともに職責を担う副検事

検察庁を検事とともに支えているのが副検事である。全国には約２７００人の検察官が働いているが、そのうち副検事は３割弱を占《し》め、実質的には検事とほとんど変わらない仕事をしている。副検事は本来、区検に属して簡裁が扱《あつか》う事件を担当することになっているが、社会が複雑化してさまざまな事件が起きているため、地検や地検支部の業務も担い、活躍《かつやく》の場が広がっている。とりわけ、道路交通の事故や違反《いはん》にからむ道路交通法違反《いはん》や自動車運転過失致死《ちし》傷事件の捜査《そうさ》は、副検事が主力となって担当している。また、検事と同じく、窃盗《せっとう》、傷害、薬物犯罪など、市民生活に密着した一般《いっぱん》の刑事《けいじ》事件も担当している。

検察事務官などから選抜《せんばつ》

副検事になるには、「検察官・公証人特別任用等審査会《しんさかい》」が行う副検事選考試験に合格することが必要だ。受験資格は、検察事務官だけでなく、警察官、海上保安官、入国審査《しんさ》官などの公務員のうち、一定年数の経験を積んだものに与えられる。

試験は二次まであり、一次では憲法、刑法《けいほう》、刑事訴訟法《けいじそしょうほう》、民法、検察庁法の論文試験、二次試験ではそれらの口述試験が行われる。各検察庁では、検察事務官らが自主的に勉強会を開いたり、情報交換《こうかん》を行ったりしている。また、みずから時間をつくって答案練習会を開いている検察官もいる。

副検事の特長は、高校や短期大学の修了者《しゅうりょうしゃ》であっても、努力しだいで司法試験を合格した検事と同様の仕事ができることだ。さらに、副検事を3年以上務めて、司法試験並《な》みの難関である検察官特別考試に合格すれば特任検事として、検事への道が開ける。さらに、一定の要件を満たせば、特任検事からさらに弁護士への転身という道もあり、可能性に満ちている。

活躍《かつやく》する検察事務官

検察庁で裏方ながら重要な役割を果たしているのは検察事務官で、全国で約9000人が働いている。検察官を補佐《ほさ》する役ではあるが、検察官の指揮を受けて犯罪捜査《そうさ》、被疑者《ひぎしゃ》の取り調べ、検視の立ち会いなどを行い、家宅捜索《そうさく》や張《は》り込《こ》みなどでは現場にいち早く到着《とうちゃく》するなど不可欠な存在だ。

ふだんは、検察官と検察事務官の2人でコンビを組み、検察官の担当部屋《べや》で執務《しつむ》している。検察官付きの事務官は「立会《たちあい》事務官」と呼ばれ、家族よりも長時間いっしょにいると言われている。被疑者《ひぎしゃ》を取り調べる時は、検察官が窓を背にして机の前に座り、その真向かいに被疑者《ひぎしゃ》や参考人が座る。この配置は被疑者《ひぎしゃ》らが窓から飛び降りたりしないようにするためである。事務官の机は検事の横に90度向き合った形で据《す》えられる。

検察官の右腕、検察事務官（手前）

立会事務官は、事件現場に足を運んだり、取り調べに立ち会ったりして検察官に助言する。取り調べでは検察官が口述する供述調書をパソコンに打《う》ち込《こ》み、それを検察官が被疑《ひぎ》者《しゃ》らに読み聞かせ、確認を得て署名を求めるケースが多い。

こうした捜査《そうさ》・公判に直接たずさわる仕事のほかに、検務と事務局の仕事がある。検務の仕事は、捜査《そうさ》・公判に密接に関連する業務で、事件の受理・処理、証拠《しょうこ》品の保管、令状の管理、刑《けい》の執行《しっこう》、記録の保管など幅《はば》広い。事務局の仕事は、庶務・人事・会計などの組織運営には欠くことのできない業務である。

検察事務官を長く務めると、「検察官事務取扱《とりあつかい》検察事務官」になることができ、捜査《そうさ》・公判に関して副検事と同じ権限が与《あた》えられ、区検で道交法違反《いはん》や窃盗《せっとう》、傷害などの軽微《けいび》な事件の捜査《そうさ》と公判を受け持つことができる。今や事務官の知識と働きは検察庁の任務になくてはならない存在である。

ミニドキュメント 1 海外で活躍する検察官

国境を越えて法曹人材を育てる

東京《とうきょう》地方《ちほう》検察庁《けんさっちょう》刑事部《けいじぶ》
柴田《しばた》紀子《のりこ》さん

取材先提供（以下同）

東南アジアで国際貢献《こうけん》

柴田紀子さんは1971年、大阪府の生まれ。京都《きょうと》大学法学部を卒業。司法試験に合格して、1998年、検事に任官。浦和《うらわ》地検（現さいたま地検）から横浜《よこはま》地検川崎《かわさき》支部などを経て、2005年、法務省法務総合研究所国際協力部で働くことになった。

国際協力部は国際協力機構《こくさいきょうりょくきこう》（JICA）と協力しながら法整備支援《しえん》を行っている部署で、東南アジアを中心とした国々に対して、法律の制定や、裁判官や検察官などの法曹《ほうそう》を育てるための支援《しえん》活動をしている。柴田さんは、カンボジア担当となり、2006年に現地に派遣《はけん》された。

カンボジアでは、1998年ごろから法務

省、JICA、学者、法曹《ほうそう》などによって、民法・民事訴訟法《そしょうほう》の起草支援《しえん》が行われていたが、検事がカンボジアに長期派遣《はけん》されたのは柴田さんがはじめて。カンボジアでは、現在、日本の企業《きぎょう》も多数進出するようになって、街も発展しているが、当時は、「カンボジアへ行く」と聞くと、治安や衛生・医療《いりょう》事情を心配する人が多かった。

日本とまったく異なる環境《かんきょう》

カンボジアでは、1970年代、ポル・ポト政権の強制労働や虐殺《ぎゃくさつ》によって、知識人を中心として、正確な数字はわからないものの200万人くらいの国民が犠牲《ぎせい》になった。ポル・ポト政権の終焉《しゅうえん》後に生き残った法曹《ほうそう》は数人だといわれている。

その後、2003年、裁判官と検察官を養成する学校が首都プノンペンにできた。それが王立裁判官・検察官養成校である。柴田さんは、養成校の民事裁判教育改善プロジェクトに取り組んだ。

当時の現地の生活環境《かんきょう》について、柴田さんは、「環境《かんきょう》は日本とはまったく違《ちが》いました。しばしば停電も起きました。養成校のトイレが汚《きたな》かったので、昼休みまでがまんして、当時住んでいたホテルに戻《もど》って使ったりしていました」と話す。

カンボジアでは汚職《おしょく》もひどく、火事が起きて消防車が来たが、お金を払《はら》わないと消火活動を行ってくれなかったというできごとが新聞に載《の》っていたこともあったという。

その一方、仕事の面では大きな成果があった。人材不足が大きな問題であったカンボジアでは、若者を登用することが必要だったが、

王立裁判官・検察官養成校の卒業生たちと

年功序列社会のなかでは、若者の登用はなかなか受け入れられなかった。しかし、柴田さんは、若者を育てていくしかないと考え、地道に彼らの教育に力を入れた。すると、しだいに彼らは力をつけ、やがて、周囲から評価されるようになり、政府のなかで重要な地位に就くようになった。

柴田さんは2年後に帰国。東京地検に戻《もど》って2年、さらに横浜地検で2年勤務した。そして、２０１２年、国際協力部に戻《もど》り、２０１３年から副部長を務め、国際協力部全体にかかわる業務に就いた。

柴田さんは、２０１５年、タイ・バンコクにある国連薬物犯罪事務所へ赴任《ふにん》した。現地ではタイ・カンボジア・ベトナム・ラオスなどの司法関係者とともに児童の性的搾取《さくしゅ》問題にかかわるプロジェクトなどに取り組んだ。

仕事は順調だったが、プライベートでは災難に遭った。バンコクに着いて1カ月後、ちょうど大晦日《おおみそか》の夜、路上で、突然《とつぜん》バイクに乗った男が近づいてきて、バックをひったくって逃走《とうそう》した。バッグの中には、パスポート、パソコン、財布、携帯《けいたい》電話などが入っていた。その後、タイの警察からの事情聴取《ちょうしゅ》も受けた。外国人が赴任先《ふにんさき》や旅先などで事件に巻《ま》き込《こ》まれた時の不安な気持ちがよくわかったという。

バンコクに行ってうれしかったことは、10年以上前にカンボジアに派遣《はけん》された時にかかわった王立裁判官・検察官養成校の生徒たちと再会したことだ。みな、最高裁判所判事や地方裁判所所長などに出世していた。

バンコクから日本に帰国した後も、カンボジアの司法界で活躍《かつやく》する王立裁判官・検察官養成校の生徒たちと会う機会が何度かあった。

国連薬物犯罪事務所の執務室

カンボジア時代に交流のあった家族のもとを、その後何度か訪れた柴田さん

柴田さんは、「同じ法曹《ほうそう》として再び会えたことがうれしかったですね。プロジェクトは予想を上回る成果を上げたことを実感できました」と話していた。

海外に行って見えた自分の仕事の良さ

柴田さんは2017年に帰国し、東京地検刑事部に戻《もど》った。警察から事件の相談を受けるほか、自分でも殺人事件や詐欺《さぎ》事件などさまざまな事件を担当している。最近の刑事事件の傾向《けいこう》については、「いわゆるオレオレ詐《さ》欺《ぎ》が増えていることに驚《おどろ》きました。また、犯罪の手口や捜査《そうさ》手法もだいぶ変わっていることにも驚《おどろ》きました。今やスマホはカンボジアやタイでも日常生活のなかで不可欠であり、それが犯罪に利用されることも世界共通のことです」と語った。

検事という職業柄《しょくぎょうがら》、国内の転勤が多いのは当然だが、柴田さんのように海外にまで長期派遣《はけん》される検事はそれほど多くはない。家族はどう思っているのだろうか。柴田さんに聞いてみた。

柴田さんは、「私は川崎支部時代に結婚《けっこん》していて、夫は弁護士です。私が高知に転勤になった時、夫はアメリカに滞在《たいざい》しているなど、それぞれ自由に仕事をしています。結婚《けっこん》から18年たちますが、いっしょに生活したのは5、6年くらいです。それでも、おたがいにやりたいことをやることが大事だと思っていて、私たちのあいだに特に問題はないですね」と答えてくれた。

これまでの検事の生活をふり返り、最後はつぎのように語ってくれた。

「海外での仕事は、支援《しえん》を必要としているところに行って業務を担うという内容ですから、とてもやりがいのある仕事です。異国で生活するなかで、異なる文化にふれ、視野も広がりました。一方で、海外での仕事を経験して、検事の仕事の良さもよくわかりました。検事は、一つひとつの事件にじっくり取り組み、自分で判断をできるという点がすばらしいと思います。どんな小さな事件でも、真実を見つけて事件を解決する。これが大事なことです。海外での経験を経て、あらためて検事になって良かったと思いました」

検察事務官として15年勤めて副検事へ転身

さいたま地方《ちほう》検察《けんさつ》庁《ちょう》川越《かわごえ》支部《しぶ》
谷内《たにうち》 優《ゆう》さん

検察事務官として検察庁の一員に

さいたま地方検察庁川越支部は、西武新宿《せいぶしんじゅく》線本川越駅で降り、観光スポットの「蔵造りの町並み」に沿って約20分歩いたところにある。外国人観光客が増えている地域だ。川越支部の2階で、女性の立会事務官といっしょに働いている副検事の谷内優さんにインタビューした。検察庁で女性2人がペアで働いているようすは新鮮《しんせん》に映った。

谷内さんは1978年、千葉《ちば》県の生まれ。高校生のころ、漠然《ばくぜん》と「公務員になりたいな」と思って公務員試験を受けた。いくつか合格したなかからいちばん熱心に誘《さそ》われたことに縁《えん》を感じ1999年、検察庁に入った。それから約15年間、検察事務官として働いた。

事務官は検察官を補佐《ほさ》する役割だが、検察官の指揮を受けて捜査《そうさ》も行うことができる。谷内さんは上司に勧められて検察官の事務を取《と》り扱《あつか》うことができる「検察官事務取扱《とりあつかい》検察事務官」を経験し、実際に自分で取り調べもやってみて、「この仕事をずっと続けていったほうが楽しいかな」と思った。そんな時、上司から「副検事をめざしたらどうか」と勧められたのがきっかけになったという。

谷内さんは2年間勉強して副検事試験に合格、２０１６年に副検事になった。最初はさいたま地検刑事部に勤務し、２０１８年４月、現在の川越支部に異動した。

川越支部での一日

副検事は本来、区検察庁（区検）に所属、簡易裁判所が扱《あつか》う事件を担当する決まりだが、検事が不足しているなどの理由で地検や地検支部に配属され、検事と同様の仕事を担当している副検事が増えている。川越支部では窃《せっ》盗《とう》、暴行、痴漢《ちかん》など、日常的によくある事件が多い。また、交通事故にからむ事件も多く、全体の3、4割を占《し》めている。

勤務時間は、だいたい午前8時半から午後5時15分までとなっている。

午前中は事件記録の検討をしたり、警察から身柄《みがら》付きで送検されてきた被疑者《ひぎしゃ》の弁解を録取する手続きをしたりする。昼休みの12時から1時を挟《はさ》んで午後も身柄《みがら》を拘束《こうそく》されている被疑者《ひぎしゃ》の取り調べを優先している。取り調べは3時から4時に終わり、その後、呼び出しに応じて来庁した、逮捕《たいほ》されていない被疑《ひぎ》者《しゃ》や参考人の取り調べをする。さらに1、2時間残って事件の精査をしたり、翌日の取り

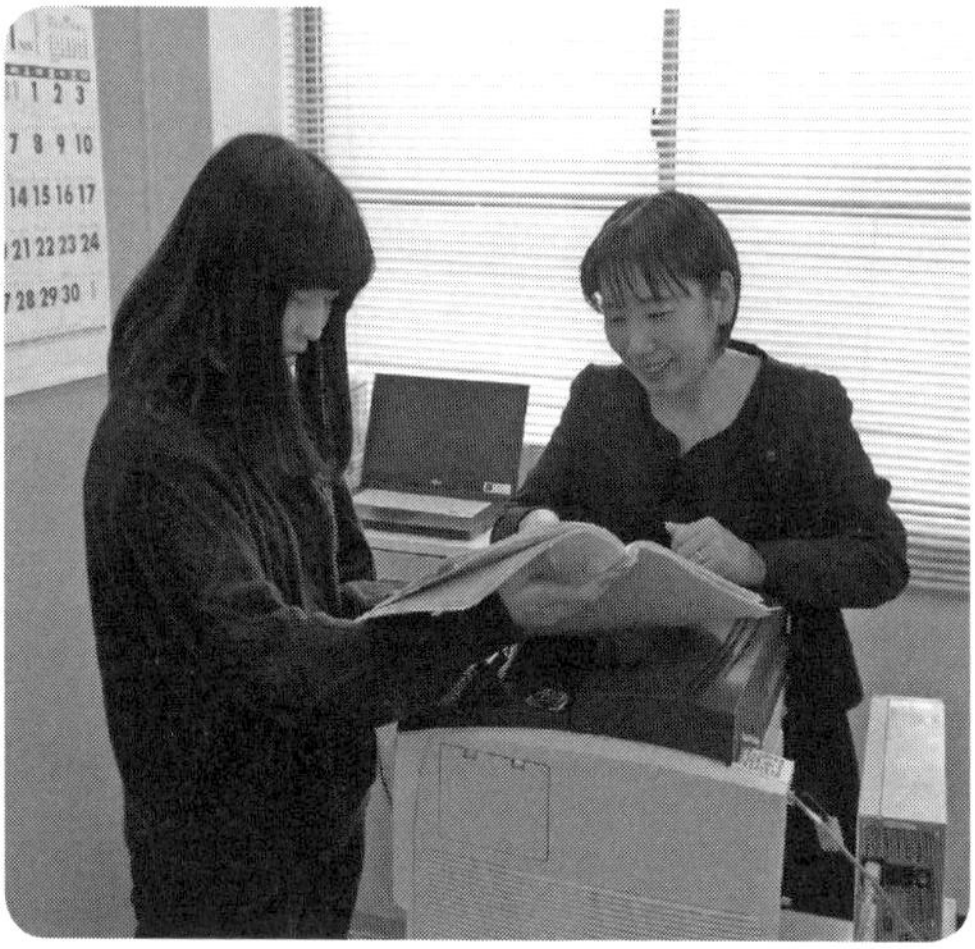
立会事務官と

調べの下調べをしたりする。

谷内さんが勤務する支部では、複数いる副検事のうち、女性は谷内さん1人だ。谷内さんが副検事に任官した3年前には、全国で女性の副検事は15人くらいしかいなかった。今は二十数人に増えている。

検察事務官などから副検事の試験を受けるには、一定程度の実務経験が必要で、30代で受験資格を満たす人が多い。女性の場合、そのころは結婚《けっこん》、子育てと忙しい時期に当たるので、全国の地検でバックアップして養成していくことになったという。

谷内さんは共働きで子どもが2人いる。

「家のことは私が全部やっています。学校行事だけでなく、PTAの役員も回ってくるので、それもやっています。分刻みで動かないといけないので、時間のやりくりがものすごく大変です」

自分の考えをもって仕事に取り組む

続いて、これまででいちばん記憶《きおく》に残っている事件を聞いた。

「ある時、交通事故死の事件でご遺族から『被告人《ひこくにん》が一度もうちに来て謝ってくれない。なぜなんでしょうか』と尋《たず》ねられた。そこで、法廷《ほうてい》で被告人《ひこくにん》にそのことを質すと、『責められると思って行けませんでした。でもほんとうにすまないと思っています』と答えた。その後、ご遺族から、法廷《ほうてい》で直接被告人《ひこくにん》から答えてもらえてよかったと感謝され、最後まで粘《ねば》ってよかったなと思いました」

さらに、副検事を志望する後輩《こうはい》へのメッセージを語ってもらった。

「事件は複雑でなくとも行《い》き詰《づ》まることもあるので、なんとかきちんと処理できないかとがんばる根性をもつことがいちばん大事かなと思います。先輩《せんぱい》検察官は忙《いそが》しくても必ず相談に乗ってくれるので、自分一人で悩《なや》まず、相談してほしいです」

また、取り調べの時に工夫していることを聞いてみた。これに対し、谷内さんは「私は被疑者《ひぎしゃ》に再犯をさせないことが大事だと思います。そこで、必ず『なぜやってはいけないのか』ということを本人の口から話させるよ

作成した調書に署名と捺印

谷内さんの個室。検察官の正面に被疑者が腰掛ける

うにしています。そこがはっきりしていないと、すぐまた（再犯で）戻《もど》ってくる可能性がありますから」と指摘した。

最後に、中学生・高校生の今、大切にしてほしいことを話してくれた。

「相手の言い分に耳を傾《かたむ》けつつ、自分はこう考えるという意思がないと事件の処理ができないと思います。事件処理に困って上司に相談に行くと、必ず『主任検察官としてはどう思うか』と聞かれました。検察庁で仕事をして行くうえで、自分の意見をもつことはすごく大事だなと思います。娘《むすめ》も私と同じ道を歩みたいと言っています。親の話を聞いていて影響《えいきょう》を受けたのかなと思います」

自分が歩んできた道を娘《むすめ》さんも歩んでくれそうな実感が、谷内さんをさらに仕事に駆《か》り立《た》てる原動力になっているようだ。

ミニドキュメント ３ 検察の一翼を担う副検事②

税務署志望から検察庁志望に

さいたま地《ち》方《ほう》検《けん》察《さつ》庁《ちょう》特《とく》別《べつ》刑《けい》事《じ》部《ぶ》
村《むら》川《かわ》伊《い》和《わ》生《お》さん

東京地検の脱《だつ》税《ぜい》捜《そう》査《さ》にあこがれて

村川伊和生さんは１９７１年、三重《みえ》県の生まれ。祖父は伊勢《いせ》で絵師をしていたという。中央大学商学部で会計学を学び、当初は国税専門官を希望していた。

たまたま、学生時代に東京地検特捜部《とくそうぶ》が著名政治家の巨額脱税《きょがくだつぜい》事件の捜査《そうさ》をしていたのを報道で見て「格好いいな。こういった仕事もいいな」と思った。その後、検察庁志望に変更、１９９４年、検察事務官になったという。

検察事務官から副検事になったのは、主任検事の立会事務官になり、「自分で取り調べるのもいいかな」と思ったからだ。副検事の仕事は経験がモノをいうので、「なるなら早いほうがいいかな」と思い、受験した。すると一発で合格し、2006年4月に任官し、千葉地検へ副検事として赴任《ふにん》。その後、さいたま地検川越支部、東京地検、さいたま地検越谷《こしがや》支部を経て、1年前から現職。

現在の勤務先は、東武《とうぶ》アーバンパークライン（野田線）の北大宮《きたおおみや》駅から徒歩数分のさいたま地検大宮分室である。さいたま地検特別刑事部《けいじぶ》は以前、さいたま市浦和《うらわ》区の法務総合庁舎内にあったが、2018年にこの地に移転した。緑豊かな大宮公園に隣接《りんせつ》している住宅街の一角にある。

自室の机の上には、パソコン類しか置いていない。主に独自捜査《そうさ》を行う部署なので、事件がある時は被疑者《ひぎしゃ》の取り調べで拘置所《こうちしょ》に詰《つ》めて留守にすることが多い。事件がない時も、内偵捜査《ないていそうさ》が続き、自室にこもっていることは少ないという。

雑談で取り調べを工夫

村川さんに、「副検事になってから、いちばん記憶《きおく》に残っている事件は何ですか」と聞いた。

それは数年前にたずさわった脱税《だつぜい》事件で、ワンマン社長が部下に命じて脱税《だつぜい》をやらせていたというもの。社員に実際の給料の数倍を支給していることにして差額を浮《う》かしていたという手口だった。一般《いっぱん》社員からはそれを認めるような自白が出てきたが、ナンバー・ツーは社長と口裏を合わせていて、がんとしてそれを認めようとしなかった。

そこで、村川さんは架空給与《かくうきゅうよ》計上に関して社長自身に真実を話してもらおうと、時間をかけて社長の生い立ちからいろいろ親身になって聞いていった。そのさい、自分のことも ざっくばらんに話していた。そのうちに社長は「あなたならもう話してもだいじょうぶかな。あなたを信用してすべて話す。あなたに会えてよかった」と言って自白した。

村川さんは「今でもなんでその社長が私を認めてくれて自白したのかわからないが、おたがいに何か相通ずるものがあったのかなと思います」とふり返る。この事件は最終的に社長を逮捕《たいほ》せず、在宅起訴《きそ》で終わった。

この後、取り調べで何か工夫していることがあるかどうかを聞いた。すると、村川さんは「被疑者《ひぎしゃ》との雑談を大事にしています。そこから相手が真相を語るきっかけになるものがつかめることもあるからです」と語り、つぎのように続けた。

副検事になってまもなくのころ、窃盗《せっとう》の被《ひ》疑者《ぎしゃ》を取り調べた。数人でシェアしていたアパート内で同居人の所持金が盗《ぬす》まれ、若い独身男が逮捕《たいほ》されたが、黙秘《もくひ》していた。事件当

ほかの地検へ捜査を依頼することも

室内には取り調べの机と椅子、パソコン

時、被疑者《ひぎしゃ》しか部屋《へや》にいない状況《じょうきょう》だったが、目撃者《もくげきしゃ》がいないうえ、指紋《しもん》などの証拠《しょうこ》もなかった。ある時、被疑者《ひぎしゃ》とゲームの話をしていると被疑者《ひぎしゃ》が話に乗ってきて、あるゲームが好きだと言う。村川さんはそのゲームで遊んだことがなかったので、ソフトを買ってきて自分でやってみた。そして、そのことを被疑者《ひぎしゃ》に話すと、その話題で盛《も》り上がって2人の距離《きょり》が一気に縮まり、その後の取り調べもうまくいって、被疑者《ひぎしゃ》に真相を語らせることができた。「その経験もあり、その後は被疑者《ひぎしゃ》の雑談にも積極的に乗り、話をするよう努めています」と話した。

高くなるハードルを越《こ》え続けたい

最近、村川さんは学校に講演などで招《まね》かれることも多いという。

「講演などで学校へ行く機会をもらっていて、そうした時は、とにかくプレーヤーになりましょう、と呼びかけています。ゲームは参加しないとつまらないですよね。事件を解明できて、被疑者《ひぎしゃ》からも被害者《ひがいしゃ》からも喜ばれれば最高ですね。ゲームで難しいことを越《こ》えると、つぎはもっと難しいところを越《こ》えようという気になる。ハードルはどんどん高くなるので、ぜんぜんゴールは見えてきませんが、それだけにやりがいがあると思います。検察というは組織はマンパワーがあるので、チームで乗《の》り越《こ》えることができます」

最後に、今後の村川さんの目標を聞いてみると、「定年まで、まだあと15年働けるので、がんばって続けていきたいですね。自分に今後何ができるかということはまだわかりませんが、みなさんへの恩返しはしたいなと思っています。難しい犯罪も増えて、解決するために苦戦していますが、デジタル・フォレンジックなどの新しい手法で対応しつつ、こちらも経験があるので、そのハードルを越《こ》えていきたいです」と、前向きの言葉が返ってきた。

そこで、「家族も賛成していますか」と尋《たず》ねると、「妻も同郷で、最初はなかなか理解を得られなかったこともありましたが、今では助けてもらうことばかりで、感謝しかありません。ほんとうは三重県を離《はな》れたくなかったんです。ところが、どんどん東京のほうにきてしまいました。両親は今でも早く帰ってこいと言っています」という答え。生まれ育った土地への思いも深いが、村川さんは仕事への情熱を原動力にこれからも走り続けるだろう。

ミニドキュメント 4 検察の一翼を担う検察事務官

東京地検の検察事務官一筋に30年

東京地方検察庁特別捜査部《とくべつそうさぶ》
菊地《きくち》 博《ひろし》さん

検事とコンビを組む立会事務官

菊地博さんは1968年、秋田《あきた》県大曲《おおまがり》市（現大仙《だいせん》市）出身。高校から専門学校を経て公務員試験に合格、検察事務官になった。最初は東京地方検察庁交通部で立会事務官に。その後、渋谷《しぶや》区検、東京地検刑事部《けいじぶ》などを経て1996年、東京地検特別捜査《そうさ》部（特捜《とくそう》部《ぶ》）に立会事務官として異動した。それ以来、出向時をのぞいて大半を特捜部《とくそうぶ》の検察事務官として捜査《そうさ》にかかわってきた。

東京地検の会議室に現れた菊地さんは、小柄《こがら》な体にネクタイをきちんと締《し》め、30年余の検察事務官が板に付いていた。捜査《そうさ》のたびに書きつけた小型のメモ帳を持参して、インタビューを受けてくれた。

まず始めに、検察事務官を志望した動機を聞くと、「漠然《ばくぜん》と公務員になろうとは思っていました。今なら事前に官庁訪問をして職種を探すところですが、当時は公務員試験受検後官庁から勧誘《かんゆう》の電話がかかってくるのを、ただ待っていました」とのこと。検察庁と法務局の両方から勧誘《かんゆう》の電話があったが、「検察庁がどういうところかわからなかったので、辞書などで調べて『検察庁がいいかな』と思って決めたのです」と、当時のようすを話してくれた。

検察庁入庁後、最初に配属された部署は東京地検交通部で、「行ってみると、明るい職場というイメージで、同年代の方が多く、高校のクラブ活動のノリに近い感じ」だったという。

その後、菊地さんは東京地検刑事部《けいじぶ》勤務から立会事務官となり、検事付きの事務官として検事の「黒衣役《くろご》」を演じることになった。具体的には、検事とコンビを組み、同じ小部《こべ》屋《や》で勤務する。このコンビはだいたい1年間続くという。

主な仕事は、検事が取り調べをするさい、事前に資料を作成したり、供述調書を作成したりする。昔《むかし》の供述調書は手書きだったが、今はパソコンに打《う》ち込《こ》むので、検事も事務官が打《う》ち込《こ》んだ画面をその場で見て、内容をチェックしながら取り調べをしている。

以上は刑事部《けいじぶ》の立会事務官のケースだが、特捜部《とくそうぶ》に入ると、内偵捜査《ないていそうさ》が多くなるので、新聞記事などから事件の端緒《たんしょ》を探したり、関係者の所在調査をしたりする。いずれも検事の指示を受けて行う。内偵捜査《ないていそうさ》や強制捜査《そうさ》の時には、必ず小さなメモ帳を持って出かける。

現場で見たこと、聞いたことをメモして、今後の捜査《そうさ》の参考にするためだ。中身について聞いたところ、菊地さんは「それは公開することはできません」と話していた。

東京地検特捜部《とくそうぶ》の捜査《そうさ》

特捜部《とくそうぶ》の仕事について菊地さんはつぎのように語る。

「はじめて特捜部《とくそうぶ》に入ったのは、刑事部《けいじぶ》の立ち会いをしている時です。当時組んでいた新任検事が特捜部《とくそうぶ》の応援《おうえん》に入ることになり、立ち会いの私もいっしょに応援《おうえん》ということで入りました。連日遅《おそ》くまでの仕事でしたが、それでも特捜部《とくそうぶ》の立ち会いの先輩《せんぱい》は明るく、やりがいに満ちて仕事をしていました。検事と話している時も、おたがい遠慮《えんりょ》なく話をしていたりして、検事と事務官の関係性がよほど良好でなければこうはならないとも感じました。その時の先輩《せんぱい》が『特捜部《とくそうぶ》に来なよ』と言ってくれたことが、特捜部《とくそうぶ》を希望するきっかけになりました。また、内偵捜査《ないていそうさ》や強制捜査《そうさ》を主として行う機動捜査班《そうさはん》にはじめて入った時は、ある先輩《せんぱい》から、銀行捜査《そうさ》や所在捜査《そうさ》など、足で稼《かせ》ぐ捜査《そうさ》をひと通り教わり、相手との交渉《こうしょう》ごとは、今でもこの先輩《せんぱい》をお手本にしています」

ここで、菊地さんに「特捜部《とくそうぶ》の仕事で印象に残っていることがありますか」と聞いた。すると、つぎのようなエピソードを話してくれた。

「特捜部《とくそうぶ》が被疑者宅《ひぎしゃたく》の家宅捜索《そうさく》を行っている最中に、メディアが情報を聞きつけて被疑者《ひぎしゃ》宅の周辺に集まってきました。すると、被疑《ひぎ》者《しゃ》は突然怒《とつぜんいか》り出《だ》し、『お前らが連れてきたん

大王製紙前会長 逮捕容疑の借入金

32億円全く返済せず

特別背任事件

大王製紙の前会長の巨額借り入れ事件で、会社法違反（特別背任）容疑で逮捕された前会長、井川意高容疑者（47）が、逮捕容疑となった子会社からの借入金計32億円を全く返済していないことが22日、捜査関係者の話で分かった。井川前会長は借入金の大半をマカオとシンガポールのカジノでの遊興に充てていたことも判明した。（関連記事3、9面に）

東京地検特捜部はカジノで生じた支払いに窮した前会長が、巨額の資金を子会社から継続的に引き出した疑いが強いとみて前会長を追及しているもようだ。

逮捕容疑は、子会社役員らと共謀し今年7～9月、「いわき大王製紙」（福島県いわき市）など子会社4社から、自分名義の銀行口座などに7回にわたって計32億円を振り込ませ、4社に損害を与えた疑いが持たれている。

大王製紙前会長の井川容疑者宅を出る東京地検特捜部の係官ら（22日、東京都渋谷区）

いずれの借り入れも無担保で実行され、取締役会の事前決議を経ていなかったという。

大王製紙が設置した特別調査委員会や関係者の話によると、前会長は昨年5月～今年9月、子会社7社から計106億8千万円を借り入れた。このうち約47億5千万円については保有する同社子会社株や現金で返済したが、関係者の話によると、逮捕容疑となった計32億円は全く返済しておらず、現在も返済のめどが立っていないという。

32億円のうち2億円は子会社が直接、カジノ運営会社の口座に入金。残りの30億円は前会長の個人口座に入金された後、最終的に同じカジノ運営会社の口座に入金されていた。いずれもマカオとシンガポールのカジノでの遊興費や遊興で生じた負債の支払いに充てたとみられる。

大王製紙は21日、借入総額のうち、現金での返済分を除く計85億8千万円を被害額として特捜部に告発。特捜部は今後、借入金が未返済のケースや、期限内に返済しないことで子会社が資金難に陥るなどの損害を受けた事例を中心に、他の借り入れを立件するかどうか検討するとみられる。

メール通報で発覚

子会社幹部「3億円振り込んだ」

大手製紙会社の経営トップが、返済見込みのないまま子会社から30億円を超える資金を借り入れていた今回の事件。発覚の契機は、振込の指示を受けた子会社からのメール通報だった。その後、同社は特別調査委員会を立ち上げ、事実関係を調査。創業家一族の「絶対的支配」が前会長の暴走を許す背景にあったと指摘した。

「前会長の指示で、彼の個人口座に3億円を振り込んだ」。9月7日、北海道内の子会社幹部から本社の関連事業部宛てに1通のメールが届いた。逮捕された井川意高前会長による借り入れ要求を疑問視する内部通報だった。同社は社内の不正を知らせる通報制度を導入しており、法務・広報課長が窓口だったが、子会社幹部は前会長に自動的に通報内容が報告されるのを恐れ、通報先に関連事業部を選んだという。

問題発覚後、前会長は社内の聞き取り調査にも使途を明らかにしなかった。同社は9月中旬、前会長の引責辞任を発表。弁護士らで構成する特別調査委員会を発足させ、関係者からの聞き取りなどに乗り出した。

10月下旬の調査報告では、前会長による会社私物化の実態が次々明らかになった。借入総額は約1年半で総額106億8千万円に上り、電話1本で子会社役員に送金を指示していた。

日本経済新聞朝刊、2011年11月23日発行　写真提供：共同通信社

（写真中央が菊地さん）

だろう！』と言って、検察事務官らにつかみかかってきたことがあったのです。はじめての経験だったので驚《おどろ》きました」
さらに、「仕事のことでうまくいったなと思った経験はありますか」と聞いたところ、「ある贈収賄《ぞうしゅうわい》事件で、特定の業者に対して便《べん》宜《ぎ》を図っていた被疑者《ひぎしゃ》が、その見返りとして受け取った業者名義のクレジットカードを使って、日々の飲食や商品の購入《こうにゅう》をしていたといったものがありました。この事件の捜査《そうさ》では、被疑者《ひぎしゃ》が訪れたと思われる店舗《てんぽ》を、捜査《そうさ》員《いん》が一軒一軒《いっけんいっけん》回り、カードの利用者を地道に確認していった結果、約１０００万円もの賄《わい》賂《ろ》を受け取っていたという事実があきらかになり、有罪判決を得ることができました。当時の捜査員《そうさいん》にとっては、たび重なる出張などでつらい経験だったとは思いますが、みんながんばってくれたおかげだと思っています」と話した。

ここで、「検察事務官に必要なことはなんだと思いますか」と聞いてみた。

菊地さんは「世の中を広く、浅くでもいいから、いろいろなことを知っていると、すごく役に立つと思います。先輩《せんぱい》からも『新聞をよく読め』と言われました」と、新聞の効用を強調していた。

この後、菊地さんに今後の目標を聞いた。少し考えてから「捜査《そうさ》で学んだ手法を後輩《こうはい》たちに伝えていければと思っています」と話す。

世の中をたくさん見て将来を描《えが》いてほしい

最後に、中学生・高校生に向けたメッセージを菊地さんはつぎのように語ってくれた。

「息子《むすこ》は中学生なのですが、『将来、何にな

捜査資料の一覧に目を通す

りたいんだ』と聞いたら、『将来のことはまだ決めていない』と答えました。中学生のころはまだ、はっきりと決めず将来も漠然《ばくぜん》としている人が多いと思います。世の中を見る時間は、まだ十分あります。正義感がある人には検察庁で働くことも考えてほしいですね」

そこで、さらに踏《ふ》み込《こ》んで、菊地さんに「あなたは息子《むすこ》さんに検察庁に入ってもらいたいと思いますか」と聞いた。

菊地さんは「以前、テレビに私が強制捜査《そうさ》の現場で働いている場面が映ったことがあるんです。まだ小さかった息子《むすこ》はそれを見て『おおっ！』と言って喜んでいたそうです。検察庁に興味をもってくれるとしたら、私はうれしいです」と、はにかむように話す。

菊地さんが検察事務官の仕事を30年以上も続けてこられたのは、捜査《そうさ》が好きだからだ。それだけに、息子《むすこ》さんが自分が好きな道を進んでくれれば、これほどうれしいことはないだろう。

生活と収入、将来性

職場は全国の検察庁 犯罪の国際化や情報通信技術の活用も課題

検察官の勤務形態

検察官は裁判官同様、転勤が多い職業だ。たいていは2、3年ごとに転勤があり、全国どこへでも行く可能性がある。家族がいればいっしょに引《ひ》っ越《こ》すことも多い。最近は女性の検察官も増えており、検察官同士で結婚《けっこん》することもある。その場合は、転任先を考慮《こうりょ》する要素のひとつとしてくれるそうだ。幸い、どこへ転勤しても官舎があるので、住宅探しに苦労することはない。

検事には、任官してから適用される人事の基本的なキャリアパスがある。司法試験合格後、約1年の司法修習を終えて12月に任官すると、全員が約1カ月半（２０１８年任官者までは約3カ月半）の新任研修を受ける。翌年2月（２０１８年任官者までは4月）には部制を敷《し》いている大規模地検に配置され、捜査部《そうさぶ》と公判部で計1年間余り勤務する。その後、「新任明け」といって東京、大阪以外の全国の地検に転出する。そこで2年間にわたり勤務し、検察官の基礎《きそ》をみっちり叩《たた》き込《こ》まれる。続いて大規模地検に戻《もど》って2年間勤務する。

任官後、4年目から2年間、大規模地検に配属される検事を通称「A庁検事」と呼んでいる。地検のなかでも規模の大きいところを「A庁」と呼ぶ習慣があるからだ。

その後は2、3年ごとに転勤をくり返すが、海外に留学する検事も増えている。任官後、10年近く経つと、法務省勤務や在外公館への出向も増えてくる。また、法務省の組織である公安調査庁や各地の法務局のみならず、法務省以外の行政庁へ出向する人もいる。

在外公館では一等書記官として日本と海外とで協力して捜査《そうさ》をしたり、法務局では行政訴訟《そしょう》で国側の代理人を務めたりと、法律家としての能力経験と行政官としてのスキルの両方が求められる仕事が多い。検察の現場を離《はな》れても、多彩な経験を積み、再び地検に戻《もど》って捜査《そうさ》・公判にたずさわることとなる。

増える女性検察官

現在、女性検事の比率が上昇《じょうしょう》している。2000年3月末では1割に満たなかったが、

２０２０年３月末には約４人に１人まで増えた。法曹三者の中では、裁判官についで女性の比率が高い職場に変わってきている。

法務省がまとめた検察官の男女比調査によると、１９８０年３月末には女性検事は24人で、全体の１・９％だった。ところが、２００５年３月末には２２５人となり、全体の１割を超《こ》す13・８％に上昇《じょうしょう》した。

その後も増え続け、２０１３年３月末には３７７人と全体の20・４％にアップした。２０２０年３月末には５０２人となり、全体の25・４％になっている。また、地方検察庁のトップである検事正50人のうち、２０１８年９月の時点では女性が６人を占《し》めている。

近年の検事任官者数を見ると、２０１８年の任官者69人中、女性は21人で全体の30・４％に。

女性検事の活躍もめざましい

2019年には任官者65人中、28人が女性で、比率は43・1%だった。この数字は司法修習生全体の女性比率を上回っている。法務省では、2004年の法科大学院開校を機に、院生や司法試験合格者向けに検察官志望者への説明会を行っている。

同省は女性検事の比率を2020年度末までに30%にすることを目標にしている。最近では、事情聴取《ちょうしゅ》に女性検察官を希望する性犯罪被害者《ひがいしゃ》が増えているという。

副検事の男女比では男性のほうが多くなっている。1980年3月末には、891人中、女性は1人(0・1%)だけだった。2018年3月末には、734人中、女性は23人に増えており、比率は3・1%となっている。

給与《きゅうよ》

検察官の給与《きゅうよ》は「検察官の俸給《ほうきゅう》等に関する法律」によって定められている。月額で検事総長は約146万円、次長検事と東京高検検事長以外の検事長が約120万円。一般《いっぱん》の検事は1号から20号に分かれているが、初任給は20号の23万3400円。これに賞与《しょうよ》と各種の手当が付く。年収では、検事正クラスでは2000万円を超《こ》える場合もある。なお、待《たい》遇面《ぐうめん》での男女の区別は一切ない。

これからの検察

戦後、検察庁が誕生《たんじょう》してから70年余が経ち、検察の実務は大きな転機を迎《むか》えつつある。裁判員制度がスタートして10年になり、制度は国民に浸透《しんとう》してきた。しかし、裁判員を辞退する人はまだ少なくない。また、ＩＴなどの情報技術が日々進歩し、新しい手口の犯罪が発生するなど巧妙《こうみょう》化、複雑化する一方で、個人情報の保護が強く求められている。犯罪を捜査《そうさ》する側は、日々新たな対応を迫《せま》られる厳しい状況にある。他方で、科学技術の発展は、新たな捜査《そうさ》手法を生み出す。これからの検察官は、社会情勢を柔軟《じゅうなん》に感じ取り、新たな科学技術や情報通信技術を積極的に活用していく能力が求められるだろう。

２０２０年の東京オリンピック・パラリンピックをきっかけに、わが国にやってくる外国人観光客も年々増加、外国人入国者数は年間３０００万人を超《こ》えた。他方で、不法滞在や在日外国人による犯罪が多いというのも事実だ。政府は、外国人受け入れを一定程度、進める方針であり、今後、外国人との共生がますます進むだろう。国際的な犯罪への適切な対処は、より重要度を増すと思われる。

現在、検事の総数は２０００人に迫《せま》っており、今後も増員が予想される。すでに女性検事の割合が約４人に１人と高まっていて、全体の３割に達するのも時間の問題だろう。

3章

なるにはコース

検察官の適性と心構え

厳正さが求められる検察官。検察庁の求める人材は

正義感とバランス感覚、人に対する理解力が重要

検察官は胸につけるバッジ「秋霜烈日章《しゅうそうれつじつしょう》」のように、厳しい状況《じょうきょう》のなかでも厳正さが求められる職業だ。凶悪《きょうあく》事件や日常発生する窃盗《せっとう》、詐欺《さぎ》などの事件のほか、贈収賄《ぞうしゅうわい》事件や大型の経済事件などの解明をしなければならない。常に社会的に注目を受ける存在でもある。

そこで、数々の捜査《そうさ》にたずさわりながら、法務省、在イギリス大使館などへの出向や、司法研修所の検察上席教官を務めた経験もある最高検察庁総務部長の廣上克洋《ひろかみかつひろ》さん（１９６１年、大阪《おおさか》府大阪市生まれ。１９８７年に検事任官）に、検察官の適性や心構えを聞いた。

――検察官としてどういう人材を期待しますか。適性や性格などについて教えてください。

廣上　まずは、正義感をもっている人ですね。罪を犯して罰《ばつ》せられるべきものに逃《に》げ得《とく》を

許さないといった素朴《そぼく》な正義感をもっていること、また、人の罪を正すという仕事なので、間違《まちが》いがあってはならず、人の話によく耳を傾《かたむ》け、疑問があれば、自分でも、あるいは警察を通じていろいろな証拠《しょうこ》を集めて真相を明らかにしようとする熱意と、公平に物事を考えて誠実に対応できることが必要と思います。罪を犯す人にもいろいろな考えがあったり事情があったりするので、それを理解できること、そのためには社会のいろいろなできごとや仕組みにも関心をもっていることが望ましいと思います。

検察官も法律家ですから、バランス感覚を必要とし、幅広《はばひろ》い知識と経験に基づいてきちんと事件を理解して判断を下すことが求められます。責任をもってやり遂《と》げられる気力、体力とも充実《じゅうじつ》させておくことも大切だと思います。

——ご自身は最初から検事志望でしたか。

廣上　司法試験に合格した後に司法修習生になり、裁判所、検察庁、弁護士事務所でそれぞれ実務の勉強をしましたが、検察庁での実務修習の時に検事を志望する考えが固まりました。それまで漠然《ばくぜん》と刑事司法に興味をもっていて、重大事件で再審《さいしん》無罪となった裁判報道を見て、真犯人が処罰《しょばつ》されないのは被害者《ひがいしゃ》やご遺族、社会にとって良くないと思っていました。また、大規模な経済事件は社会・経済の公正を害するので許すべきではないとも感じていました。裁判官は、こういった事件を正しく裁く重要な仕事ですが、犯人を捕《と》り逃《に》がさないためには、検事がきちんと仕事をしないといけないわけですから、最終的にはその点も考えて検事に決めました。

また、検察の実務修習中に、検事と検察事務官、あるいは検事同士でチーム力を発揮していきいきと仕事をしていることに魅力《みりょく》を感じたことも、検事になった理由です。

今でも、司法修習生になって検察庁で実務修習をしてから検事志望を固める人は少なくないですから、自分の適性や仕事のやりがいをよく考えて決めるのは、それからでも遅《おそ》くはないでしょう。

――今の若手検察官の仕事ぶりをどう評価していますか。

廣上　真面目で素直であり、仕事に熱心に取り組んでいると思いますし、指導にあたっている検事たちも同じように言っています。もっとも、法科大学院と司法研修所で実務家に必要な基本的知識は学んできますが、検察官として1人ですぐ仕事ができるかというと、そうはいかないこともあります。今の若手検事には、検察官になってからも、みずから研《けん》鑽《さん》を重ね、先輩《せんぱい》検事から指導を受けながら、どんどん成長することを期待しています。

――女性検察官が増えています。

廣上　私が司法修習を受けた三十数年前には、司法試験に合格して修習を受ける人のなかに女性は少なかったのですが、今は女性修習生の占《し》める割合が20％を超《こ》えるくらいになっており、女性検事の割合も25％くらいとなっています。多くの女性検事が勤務していますので、男女の区別なく、ともに活躍《かつやく》できる職場になっています。

一方、事件によっては女性検事が担当したほうがいい場合もあります。たとえば性犯罪や児童虐待《ぎゃくたい》の被害者《ひがいしゃ》から話を聞く時です。被害者《ひがいしゃ》から女性検事を希望されることがよくあります。被害者《ひがいしゃ》の気持ちに寄《よ》り添《そ》って事件に取り組むためには、女性が適している場合が多いのかもしれません。それ以外では男女平等に活躍《かつやく》できる職場になっていることは確かです。

——検察庁が現在取り組んでいる課題はなんですか。

廣上　国民のみなさんが参加する裁判員制度が導入されて10年が経ち、この間に刑事《けいじ》裁判制度は大きく変わってきています。一般《いっぱん》の方にも刑事《けいじ》裁判をわかりやすくするために、犯罪を立証する検察官にはそれなりの法廷《ほうてい》技能が求められています。また、科学・技術の理

最高検察庁総務部長の廣上さん

解と適正な活用も必要です。科学・技術の進展によって、裁判で取り調べられる証拠《しょうこ》の形態も大きく変わっている最中にあります。さまざまな科学・技術を駆使《くし》することによって、これまでは明確にできなかった犯罪の痕跡《こんせき》を明らかにすることが可能になってきています。これらの科学・技術の理解と適正な活用も必要です。

――検察庁は今後、どう変わっていくと思いますか。

廣上　今後の検察のあり方としては、変えてはならないところと、変えなければならないところがあります。変えてはならないところは、まさしく検察の責務である事件の真相を解明して、適切な処罰《しょばつ》を求めることです。この使命は変わるものではありません。

一方、その使命を確実に果たすには、先ほど話したように、刑事《けいじ》裁判制度が変わり、科学・技術が進歩したことで証拠《しょうこ》の形態が変わり、その収集には、相当の知見が必要となっています。いずれにせよ、時代遅《おく》れにならないよう、変わっていかなければいけないところと考えています。

検事に必要な法曹資格

大学卒業後、法科大学院に進学し、司法試験突破をめざす

改革を経て、現在の試験制度に

裁判官、検事、弁護士になるには、司法試験に合格しなければならない。司法試験は最難関の資格試験といわれ、以前は大学卒業後、10年もかかってようやく合格するという人も少なくなかった。その後、司法試験制度の改革で、大学卒業後、法科大学院（ロースクール）に進学、法律を専門に学んで司法試験を受験するか、あるいは法科大学院に進学せず、予備試験を受けて司法試験の受験資格を得るかの2通りの道ができている。

前者の場合、法科大学院で2、3年学ばなければならないが、司法試験の合格率は旧司法試験に比べて高くなり、門戸は広がっている。

後者の場合は、年齢《ねんれい》や最終学歴の制限はないが、旧試験並《な》みの合格率で、一度で合格で

きる人は少ない。どちらを選ぶかは自由だが、自分の環境《かんきょう》や適性を十分考えて選択《せんたく》する必要がある。

司法試験

司法試験は、毎年5月に4日間、およそ20時間にわたって行われる。1日目から3日目までは論文試験（選択1科目と公法系、民事系、刑事系《けいじ》の3科目）、4日目はマークシート式の短答式試験（民法、憲法、刑法《けい》）というスケジュールだ。論文試験の選択科目は倒産法《とうさんほう》、租税法《そぜいほう》、経済法、知的財産法、労働法、環境法《かんきょうほう》、国際関係法（公法系）、国際関係法（私法系）の8科目の中から1科目を選択する。

司法試験を受験できるのは、法科大学院課程修了《しゅうりょう》者と、司法試験予備試験合格者に限られる。受験できる期間は、受験資格を取得した日後の最初の4月1日から5年間とされている。これまでは受験資格取得後、5年間で3回までしか受験できない決まりだった。

旧試験では、毎年5月に短答式の試験を行い、合格者が7月の論文式の試験へと進んだ。現在も短答式と論文の合計となるため基本的な心構えは共通だろう。現在の制度は旧試験よりも実務的な内容で、法務省は「思考力、分析力《ぶんせきりょく》を判断する試験」と説明している。旧試験に比べて1回の試験で終わる半面、4日をかけて行われるため、体力も必要とされる。

法科大学院進学の道

法科大学院は2004年に設立された。同大学院へ進学するには大学卒業の資格が必要だが、一般《いっぱん》の大学院修士課程と違《ちが》って、標準就学年限は3年だ。ただし、法学既習者《きしゅうしゃ》と認められれば2年で修了《しゅうりょう》することもできる。法学部以外の卒業生でも、十分な法律知識を身につけていれば、既習者《きしゅうしゃ》として扱《あつか》われる。

入試では、適性試験を受験した後、法科大学院ごとの選抜《せんばつ》試験を受ける。適性試験は論理的判断力や長文読解力など、法曹《ほうそう》に進むうえで必要な基礎《きそ》能力を計る内容とされる。

政府は当初、毎年3000人の司法試験合格者を出す方針で、それに見合った法科大学院を想定していた。ところが、いざスタートすると、全国

日本の法律の基礎はすべてここに。『六法全書』

で何十校もの大学が法科大学院を新設したため、総定員が予想をはるかに上回る結果となった。このため、実際に現行の司法試験が始まると、合格率の低下につながったのだ。

予備試験から本試験への道

予備試験は、法科大学院を経由しなくても司法試験の受験資格が得られる。時間的、経済的余裕《よゆう》がない人にとっては朗報だ。短答式（5月中に試験）、論文式（7月中に試験）、口述試験（10月中に試験）の三つの試験に合格しなければならない。合格者は、合格した翌年4月1日から5年を経過するまでの期間に限り、司法試験の本試験を受験できる。

予備試験は年齢《ねんれい》や最終学歴の制限がないので、一般《いっぱん》の学生でも早期に受験して合格すれば、法科大学院に入らず、本試験を受けられる。そのため、大学卒業後、直接予備試験を受けたほうが合格の近道とみなされる傾向《けいこう》が強まった。実際、予備試験3年目の2014年には、予備試験の受験者数が法科大学院の志願者数を上回る状態になった。このため、首都圏《しゅとけん》の国立大学で法科大学院の募集《ぼしゅう》を停止したところも出ている。

だが、予備試験は合格率がきわめて低い。2018年度の結果を見ても、志願者1万3746人中、口述試験まで合格した人は433人で、合格率は3・88%に止まっている。このため、予備試験を受験する学生の大部分が大学在学中に合格できないまま、法科大学院に進学しているのが現実だ。

予想を下回る合格率

２００６年度の司法試験合格者は１００９人で、合格率は約48％だった。さらに、旧試験と並行《へいこう》して行われた最後の年、２０１０年度には受験志願者が１万人を超《こ》えたが、合格者は２１３３人にとどまり、合格率は約25％に落《お》ち込《こ》んだ。その後、２０１４年から再び合格者は２０００人を下回っている。

２０２１年度の司法試験合格者は１４２１人で、前年度より29人減ったものの、合格率は41・5％で、はじめて４割を越えた。受験者数は３４２４人で、現行試験に一本化された２０１１年度以降で最少だった。

合格者の内訳は男性１０２６人、女性３９５

民事法、刑法、公法とあらゆる知識を

人で平均年齢《ねんれい》は28・3歳《さい》。最年長は69歳《さい》、最年少は現行試験でもっとも若い18歳《さい》だった。

また、法科大学院を修了《しゅうりょう》した合格者は前年比25人減の１０４７人で、合格率は34・62％だった。一方、予備試験組の合格者は４人増の３７４人で、合格率は93・50％の高率だった。

以上のように、近年、予備試験が注目を集めているが、予備試験自体の合格率は、狭《せま》き門であることに変わりはない。とはいえ、法科大学院に3年通うことを考えると、時間的、経済的に有利になる可能性がある。

なお、こうした合格率の低迷などを改善するため、２０１９年に法曹《ほうそう》養成制度改革法が成立した。これにより、法科大学院への飛び入学資格が拡充され、法学部3年（法曹《ほうそう》コース）と法科大学院2年の5年コースが新たなルートとして標準化をめざすこととなるほか、法科大学院在学中であっても所定の単位の修得などの要件を満たせば司法試験受験資格を付与《ふよ》されることとなり、法律家をめざす人の経済的・時間的負担の軽減が図られることになった。また、司法試験合格までの予測可能性の確保のため、法科大学院の定員管理の仕組みも導入される。将来を考える時は、こうした司法試験などの制度について、よく調べておくと良いだろう。

司法研修所での司法修習

司法試験合格後は司法研修所で念入りに実務訓練

研修所での「導入修習」「集合修習」と修習地での「実務修習」

司法試験に合格すると、司法修習生として1年間、司法修習を受けることになる。修習は合格発表（9月）から3カ月後の12月に司法研修所で始まる。

まず「導入修習」が約3週間行われる。実務修習をより効果的に行うため、実務の基礎《きそ》を築くのが目的だ。裁判教官室（刑事《けいじ》と民事）、弁護教官室（刑事《けいじ》と民事）、検察教官室の五つに分かれ、実務のイロハから教えられる。

この後、修習生は全国51カ所の修習地へ移動し、裁判（刑事《けいじ》と民事）、検察、弁護の4分野に分かれて約2カ月間ずつ、「分野別実務修習」を受ける。検察実務修習なら、実際に事件を割《わ》り振《ふ》られて主任検事のように処理する。たとえば、取り調べ修習を行ったり、

図表 司法修習の流れ

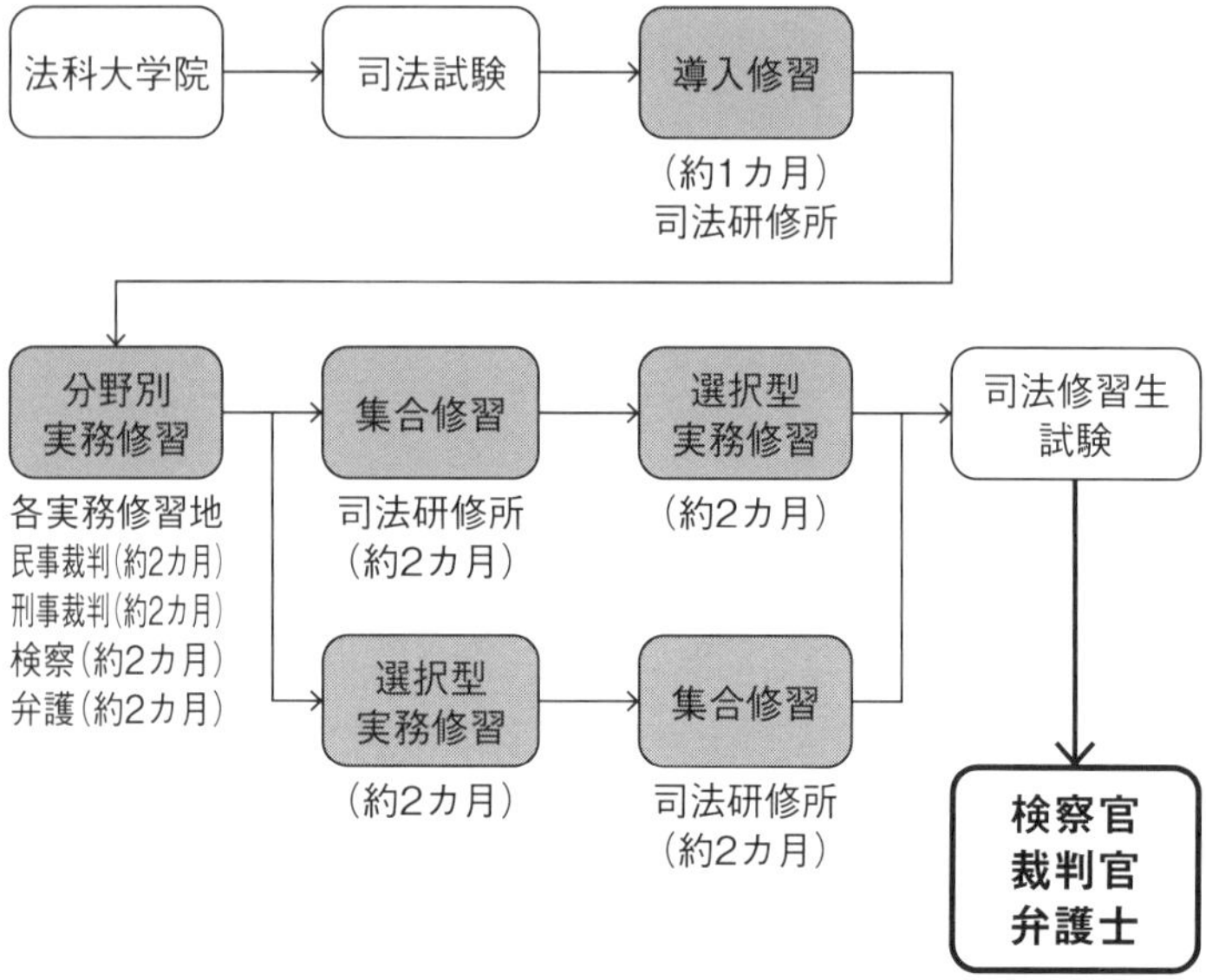

起訴状《きそじょう》や論告の起案を行ったりして、実践的《じっせんてき》に検察実務を学ぶ。

この後、A班とB班の2班に分かれ、A班は司法研修所に戻《もど》って、実務修習を補完する「集合修習」を約2カ月間受ける。実務家として活動を開始する前の総仕上げとして、体系的、汎用的《はんようてき》な実務教育が行われる。その間、B班は修習地に残って「選《せん》択型《たくがた》実務修習」を受ける。自分で選《せん》択《たく》し、たとえば、検察分野の場合は、捜査《そうさ》を担当したり、裁判分野の場合は模擬《もぎ》裁判をやったりする。約2カ月後にA班とB班が修習を交代する仕組みだ。

11月中旬《ちゅうじゅん》に「2回試験」と呼ばれ

る卒業試験が行われる。ほとんどの修習生が合格するが、不合格になるといったん罷免《ひめん》され、1年後に受験資格を得て受け直す。

法科大学院設置にともない、2006年から司法修習システムが見直され、司法研修所における「前期修習」が廃止《はいし》され、期間が1年4カ月から1年に短縮されたが、実務的な基礎《きそ》知識や能力の不足の問題を解消するため、2014年から「導入修習」が実施《じっし》されるようになった。また、修習中は大卒の初任給並《な》みの給与約20万円が支給されていたが、2011年度から2016年度までは貸与《たいよ》制度に変わり、無利息で月18万～28万円を貸りることができることになっていた。それが、2017年度からは給付制に変更《へんこう》され、修習給付金として月13万5000円、住居給付金として最大3万5000円が支給されている。

寮《りょう》生活で培《つちか》う連帯感

司法研修所では、修習生は1クラス70人前後に分けられ、授業を受ける。各クラスには担任教官が5人ずつつき、検察、民事裁判、刑事《けいじ》裁判、民事弁護、刑事《けいじ》弁護の専門家として修習生を指導する。教官は現役の検察官、裁判官、弁護士が担当する。教育は基本的にケース・メソッドで行われ、実際の事件をもとに作成された修習記録を教材に、起案のトレーニングを行う。与《あた》えられた証拠類《しょうこるい》から事実認定をどう行うかという実践的《じっせんてき》な訓練が中心だ。

研修所には修習生寮《りょう》があり、約690人が入居できる。共同生活を通じて、裁判官志望も検察官志望も弁護士志望も同じ釜《かま》の飯を食う仲になる。このため法曹界《ほうそうかい》では修習同期生の連帯感が強く、卒業後も記念旅行などに出かけ、つきあいが続く人も少なくない。

検察官志望者は法務省に願書を提出。それを受け法務省が12月上旬《じょうじゅん》に面接し、2回試験の合否発表後の12月中旬《ちゅうじゅん》、任官者が決定される。任官した新任検事は千葉《ちば》県浦安《うらやす》市の研修所で実践的《じっせんてき》なトレーニングを受ける。

司法修習について説明してくれたのは、司法研修所検察教官室所付、永井裕之《ながいひろゆき》さん。

埼玉県和光市にある司法研修所　最高裁判所提供

司法研修所で働く永井さん

２０１０年任官の検事で、鹿児島《かごしま》、東京《とうきょう》、横浜《よこはま》地検などを経て２０１８年から現職。アメリカへの留学経験もある。検察官を選《せん》択《たく》した理由について、「みずから捜査《そうさ》して、事件の真相を解明し、社会の安全に貢献《こうけん》できる職業なので、検察官を選びました。実際に検事になってみて、日々やりがいを感じているので、ほんとうによかったと思っています」と話した。

フローチャート　検察官

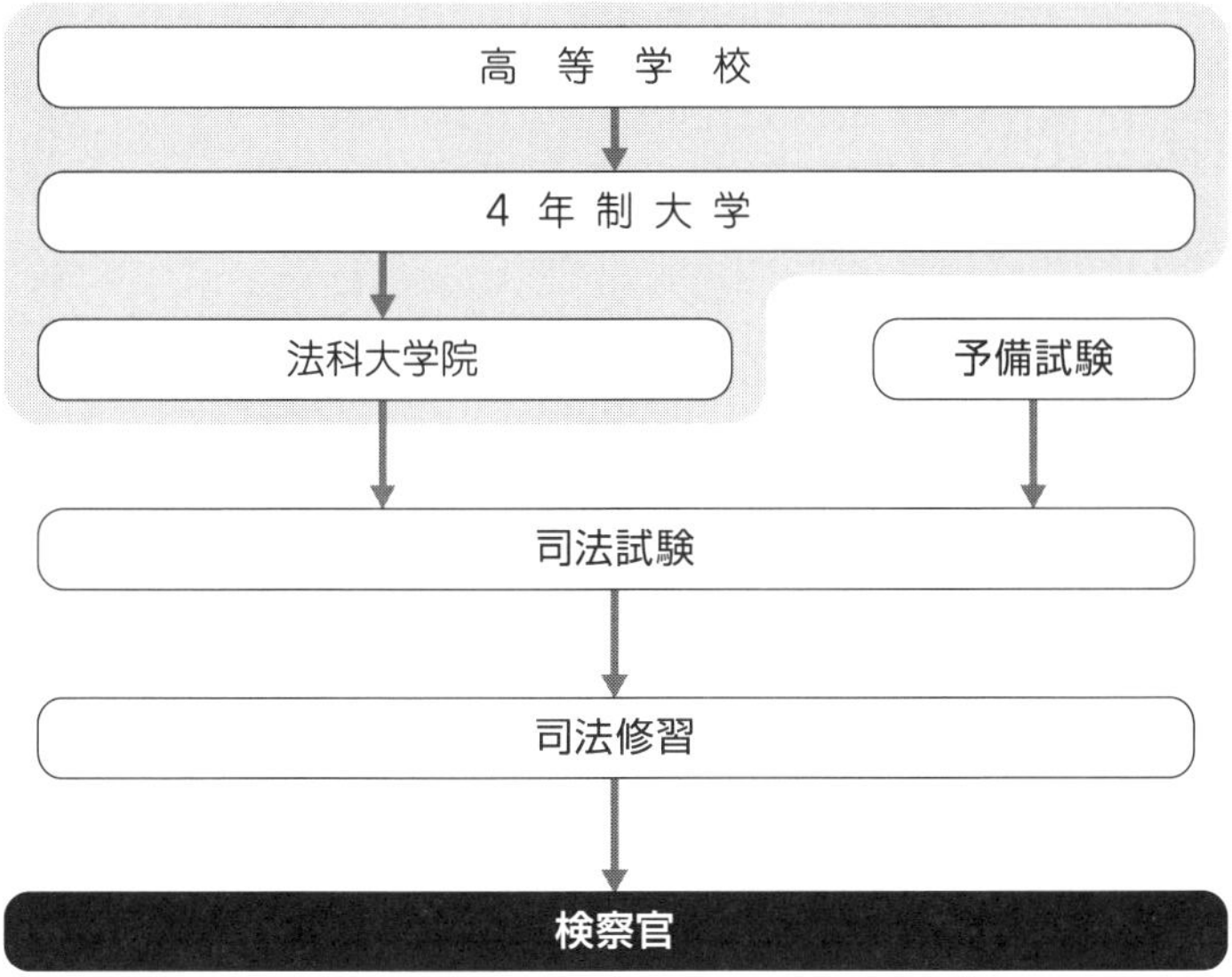
高 等 学 校
4 年 制 大 学
法科大学院
予備試験
司法試験
司法修習
検察官

なるにはブックガイド

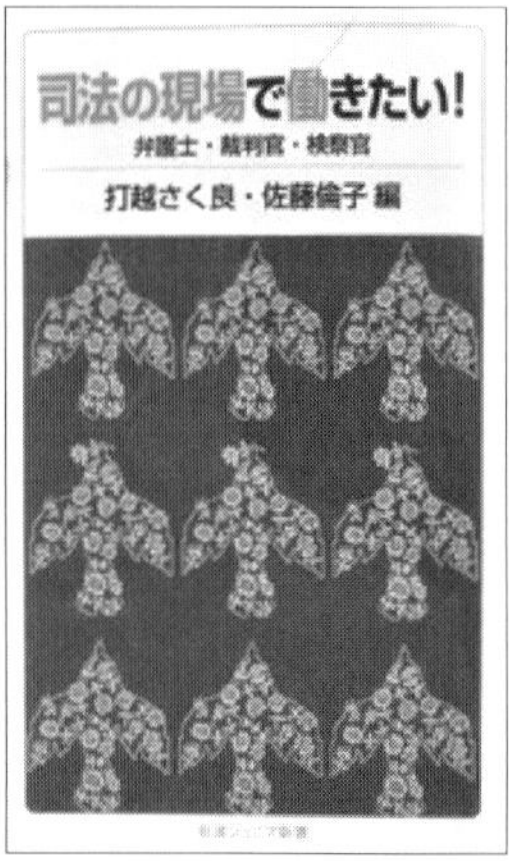

『司法の現場で働きたい！』

打越さく良・佐藤倫子編
岩波書店

現役バリバリの弁護士、裁判官、検察官により、なぜその職業を選んだのか、どんな仕事なのかを具体的に、わかりやすく書かれたもの。ハードルは高いが、それを越えれば楽しい仕事が待っているという希望を与えてくれる。

『検事の死命』

柚月裕子著
KADOKAWA

東北の地検に異動した若手検察官が、知恵と執念で刑事裁判を勝利に導く司法ミステリー小説。資産家一族が権力をバックに、娘婿の起こした痴漢事件を無罪にしようと画策する裁判など 4 編を収録している。

『検察側の罪人』上・下
雫井脩介著
文藝春秋

老夫婦殺人事件の容疑者を追い詰めながら逮捕できなかったベテラン検察官が、その容疑者を新たな殺人事件の真犯人に仕立てようと画策するミステリー小説。ベテラン検察官の指導を受けた若手検察官はその手法に疑問を抱く。

『特捜検察』
魚住昭著
岩波書店

ジャーナリストが、政財界の汚職や脱税を追及する東京地検特捜部を密着取材。田中角栄元首相が逮捕されたロッキード事件から、金丸信元自民党副総裁の巨額脱税事件まで、その真相に迫っていく。

職業MAP！ 興味があるのはどの仕事？

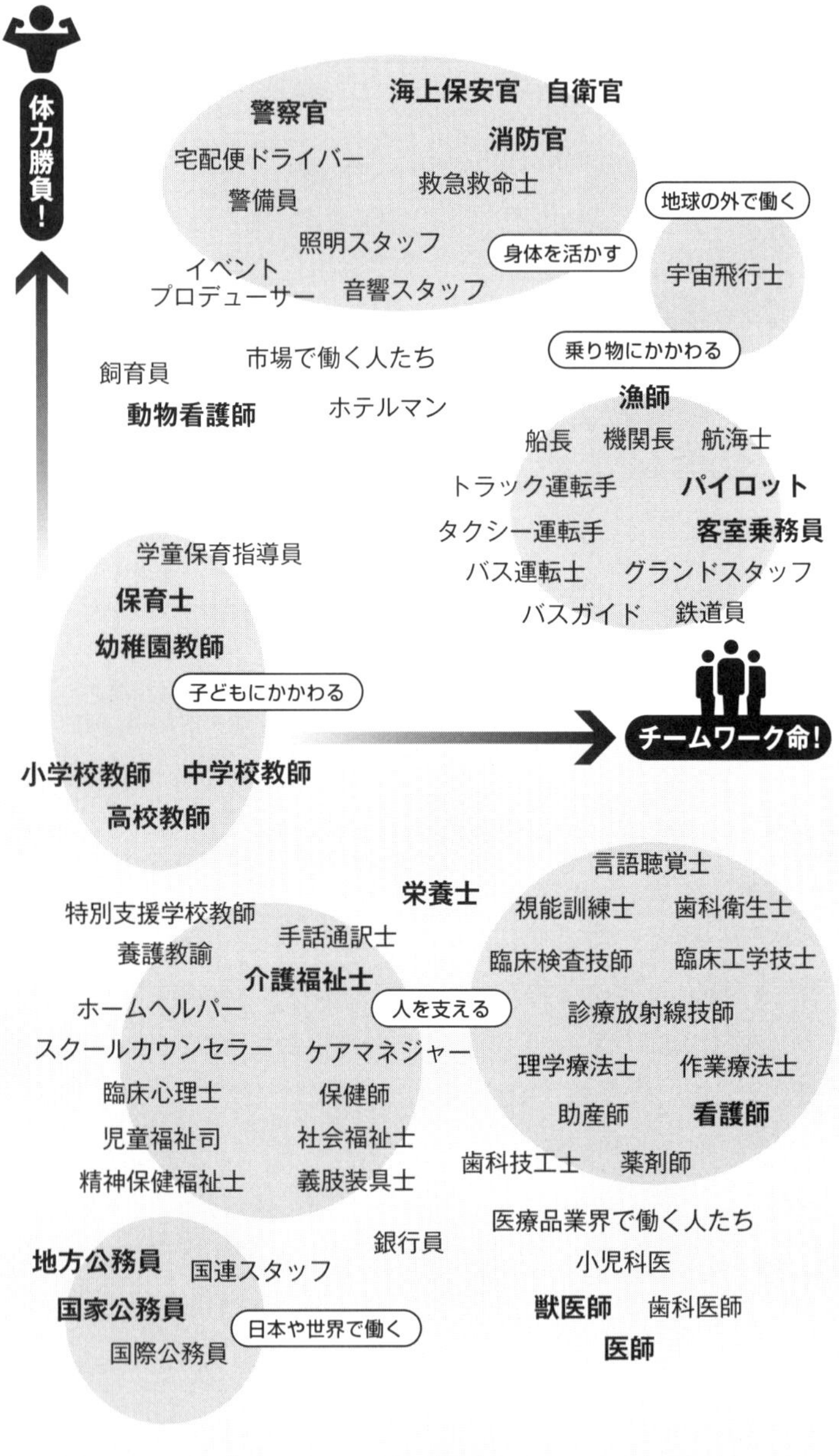
体力勝負！
チームワーク命！
身体を活かす
海上保安官
自衛官
警察官
消防官
宅配便ドライバー
救急救命士
警備員
照明スタッフ
イベントプロデューサー
音響スタッフ
地球の外で働く
宇宙飛行士
飼育員
市場で働く人たち
動物看護師
ホテルマン
乗り物にかかわる
漁師
船長
機関長
航海士
トラック運転手
パイロット
タクシー運転手
客室乗務員
バス運転士
グランドスタッフ
バスガイド
鉄道員
学童保育指導員
保育士
幼稚園教師
子どもにかかわる
小学校教師
中学校教師
高校教師
言語聴覚士
栄養士
特別支援学校教師
視能訓練士
歯科衛生士
手話通訳士
養護教諭
臨床検査技師
臨床工学技士
介護福祉士
人を支える
ホームヘルパー
診療放射線技師
スクールカウンセラー
ケアマネジャー
理学療法士
作業療法士
臨床心理士
保健師
助産師
看護師
児童福祉司
社会福祉士
歯科技工士
薬剤師
精神保健福祉士
義肢装具士
医療品業界で働く人たち
銀行員
地方公務員
国連スタッフ
小児科医
国家公務員
日本や世界で働く
獣医師
歯科医師
国際公務員
医師

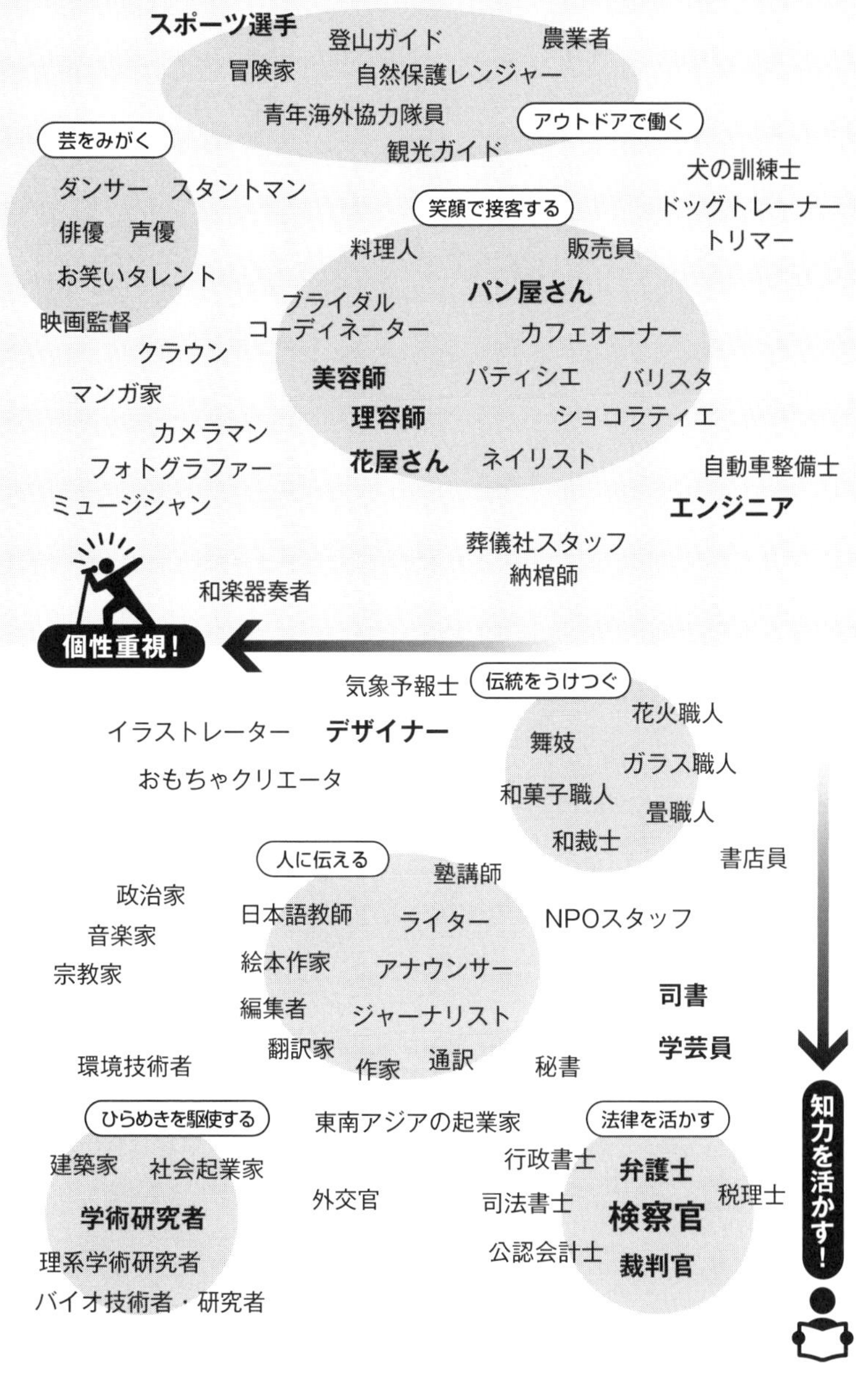
スポーツ選手
登山ガイド
農業者
冒険家
自然保護レンジャー
青年海外協力隊員
アウトドアで働く
観光ガイド
芸をみがく
ダンサー
スタントマン
俳優
声優
お笑いタレント
映画監督
クラウン
マンガ家
カメラマン
フォトグラファー
ミュージシャン
和楽器奏者
犬の訓練士
ドッグトレーナー
トリマー
笑顔で接客する
料理人
販売員
ブライダルコーディネーター
パン屋さん
カフェオーナー
美容師
パティシエ
バリスタ
理容師
ショコラティエ
花屋さん
ネイリスト
自動車整備士
エンジニア
葬儀社スタッフ
納棺師
個性重視！
気象予報士
伝統をうけつぐ
花火職人
舞妓
ガラス職人
和菓子職人
畳職人
和裁士
イラストレーター
デザイナー
おもちゃクリエータ
書店員
人に伝える
塾講師
政治家
日本語教師
ライター
NPOスタッフ
音楽家
宗教家
絵本作家
アナウンサー
司書
編集者
ジャーナリスト
翻訳家
学芸員
環境技術者
作家
通訳
秘書
ひらめきを駆使する
東南アジアの起業家
法律を活かす
建築家
社会起業家
行政書士
弁護士
外交官
司法書士
検察官
税理士
学術研究者
公認会計士
裁判官
理系学術研究者
バイオ技術者・研究者
知力を活かす！

[著者紹介]
飯島一孝（いいじま かずたか）
フリーライター。毎日新聞社で記者として東京本社社会部司法クラブ、外信部、本社編集局編集委員などを経る。著書に『六本木の赤ひげ』（集英社）、『ロシアのマスメディアと権力』（東洋書店）、『裁判官になるには』『弁護士になるには』『外交官になるには』（ぺりかん社）ほか。

検《けん》察《さつ》官《かん》になるには

2020年5月20日　初版第1刷発行
2022年4月25日　初版第2刷発行

著　者　飯島一孝
発行者　廣嶋武人
発行所　株式会社ぺりかん社
〒113-0033　東京都文京区本郷1-28-36
TEL 03-3814-8515（営業）
03-3814-8732（編集）
http://www.perikansha.co.jp/
印刷・製本所　モリモト印刷株式会社

ISBN 978-4-8315-1563-6　Printed in Japan

＊「なるにはBOOKS」シリーズは重版の際、最新の情報をもとに、データを更新しています。

19 司書になるには
森智彦(東海大学専任准教授)著
❶本と人をつなぐ仕事
❷司書の世界［図書館とは何か、司書・司書教諭・学校司書の仕事、図書館と司書の未来、生活と収入］
❸なるにはコース［適性と心構え、資格の取得方法、就職の実際他］
★★★

110 学芸員になるには
横山佐紀(中央大学准教授)著
❶モノと知の専門家
❷学芸員の世界［博物館とはなんだろう、博物館の種類、学芸員とは、仕事と職場、さまざまな専門性、生活と収入他］
❸なるにはコース［適性と心構え、資格の取得方法、就職の実際他］
★★★

100 介護福祉士になるには
渡辺裕美(東洋大学教授)編著
❶超高齢社会へ向けて
❷介護福祉士の世界［社会福祉とは、介護福祉士の誕生から現在まで、活躍する現場と仕事、生活と収入、将来性他］
❸なるにはコース［適性と心構え、介護福祉士への道のり、就職の実際他］
☆

129 ケアマネジャーになるには
稲葉敬子(介護 ジャーナリスト)・
伊藤優子(龍谷大学短期大学部准教授)著
❶福祉職のコンダクターとして
❷ケアマネジャーの世界［ケアマネジャーの仕事、生活と収入、将来性他］
❸なるにはコース［適性と心構え、試験について、研修の内容］
★

138 社会起業家になるには
籏智優子(フリーライター)著
❶社会問題の解決に向けて
❷社会起業家の世界［社会起業家とは？、世界の社会起業家たち、活躍する分野、生活と収入、将来性］
❸なるにはコース［適性と心構え／養成施設／起業するには］
☆

16 保育士になるには
金子恵美(日本社会事業大学教授)編著
❶子どもたちの成長に感動する日々！
❷保育士の世界［保育士の仕事、保育の歴史、保育士の働く施設と保育の場、勤務体制と収入］
❸なるにはコース［適性と心構え、資格取得について、採用について］
☆

56 幼稚園教諭になるには
大豆生田啓友(玉川大学教育学部教授)著
❶子どもたちの最初の先生！
❷幼稚園教諭の世界［変化する幼稚園、幼稚園教諭の役割、幼稚園・認定こども園で働く人たち他］
❸なるにはコース［幼稚園教諭の適性、免許の取得方法、就職他］
★★★

29 小学校教師になるには
森川輝紀(福山市立大学教育学部教授)著
❶子どもとともに
❷小学校教師の世界［教師の歴史、小学校の組織とそこで働く人びと、給与他］
❸なるにはコース［心構え、資格をとるために、教壇に立つには、小学校教師のこれから他］
☆

89 中学校・高校教師になるには
森川輝紀(福山市立大学教育学部教授)編著
❶生徒とともに学び続ける
❷中学校・高校教師の世界［中学校教師の職場と仕事、高校教師の1年間の仕事、実技系教師、給与他］
❸なるにはコース［心構え、資格を取るには、教壇に立つには］
☆

27 学術研究者になるには(人文・社会科学系)(改訂版)
小川秀樹(岡山大学教授)著
❶第一線で活躍する研究者たち
❷学術研究者の世界［学術研究者とは、人文・社会科学系の学問とは、研究所の実際、研究者の生活他］
❸なるにはコース［適性と心構え、就職の実際他］／他
☆

【なるにはBOOKS】

税別価格 1170円〜1600円

❶——パイロット
❷——客室乗務員
❸——ファッションデザイナー
❹——冒険家
❺——美容師・理容師
❻——アナウンサー
❼——マンガ家
❽——船長・機関長
❾——映画監督
❿——通訳者・通訳ガイド
⓫——グラフィックデザイナー
⓬——医師
⓭——看護師
⓮——料理人
⓯——俳優
⓰——保育士
⓱——ジャーナリスト
⓲——エンジニア
⓳——司書
⓴——国家公務員
㉑——弁護士
㉒——工芸家
㉓——外交官
㉔——コンピュータ技術者
㉕——自動車整備士
㉖——鉄道員
㉗——学術研究者(人文・社会科学系)
㉘——公認会計士
㉙——小学校教諭
㉚——音楽家
㉛——フォトグラファー
㉜——建築技術者
㉝——作家
㉞——管理栄養士・栄養士
㉟——販売員・ファッションアドバイザー
㊱——政治家
㊲——環境専門家
㊳——印刷技術者
㊴——美術家
㊵——弁理士
㊶——編集者
㊷——陶芸家
㊸——秘書
㊹——商社マン
㊺——漁師
㊻——農業者
㊼——歯科衛生士・歯科技工士
㊽——警察官
㊾——伝統芸能家
㊿——鍼灸師・マッサージ師
51——青年海外協力隊員
52——広告マン
53——声優
54——スタイリスト
55——不動産鑑定士・宅地建物取引主任者
56——幼稚園教諭
57——ツアーコンダクター
58——薬剤師
59——インテリアコーディネーター
60——スポーツインストラクター
61——社会福祉士・精神保健福祉士
62——中小企業診断士
63——社会保険労務士
64——旅行業務取扱管理者
65——地方公務員
66——特別支援学校教諭
67——理学療法士
68——獣医師
69——インダストリアルデザイナー
70——グリーンコーディネーター
71——映像技術者
72——棋士
73——自然保護レンジャー
74——力士
75——宗教家
76——CGクリエータ
77——サイエンティスト
78——イベントプロデューサー
79——パン屋さん
80——翻訳家
81——臨床心理士
82——モデル
83——国際公務員
84——日本語教師
85——落語家
86——歯科医師
87——ホテルマン
88——消防官
89——中学校・高校教師
90——動物看護師
91——ドッグトレーナー・犬の訓練士
92——動物園飼育員・水族館飼育員
93——フードコーディネーター
94——シナリオライター・放送作家
95——ソムリエ・バーテンダー
96——お笑いタレント
97——作業療法士
98——通関士
99——杜氏
100——介護福祉士
101——ゲームクリエータ
102——マルチメディアクリエータ
103——ウェブクリエータ
104——花屋さん
105——保健師・養護教諭
106——税理士
107——司法書士
108——行政書士
109——宇宙飛行士
110——学芸員
111——アニメクリエータ
112——臨床検査技師
113——言語聴覚士
114——自衛官
115——ダンサー
116——ジョッキー・調教師
117——プロゴルファー
118——カフェオーナー・カフェスタッフ・バリスタ
119——イラストレーター
120——プロサッカー選手
121——海上保安官
122——競輪選手
123——建築家
124——おもちゃクリエータ
125——音響技術者
126——ロボット技術者
127——ブライダルコーディネーター
128——ミュージシャン
129——ケアマネジャー
130——検察官
131——レーシングドライバー
132——裁判官
133——プロ野球選手
134——パティシエ
135——ライター
136——トリマー
137——ネイリスト
138——社会起業家
139——絵本作家
140——銀行員
141——警備員・セキュリティスタッフ
142——観光ガイド
143——理系学術研究者
144——気象予報士・予報官
145——ビルメンテナンススタッフ
146——義肢装具士
147——助産師
148——グランドスタッフ
149——診療放射線技師
150——視能訓練士
151——バイオ技術者・研究者
152——救急救命士
153——臨床工学技士
154——講談師・浪曲師
155——AIエンジニア
156——アプリケーションエンジニア
157——土木技術者
補巻24 福祉業界で働く
補巻25 教育業界で働く
補巻26 ゲーム業界で働く
補巻27 アニメ業界で働く
別巻 もっとある!小中高生におすすめの本220
別巻 中高生からの防犯
別巻 会社で働く
学部調べ 看護学部・保健医療学部
学部調べ 理学部・理工学部
学部調べ 社会学部・観光学部
学部調べ 文学部
学部調べ 工学部
学部調べ 法学部
学部調べ 教育学部
学部調べ 医学部
学部調べ 経営学部・商学部
学部調べ 獣医学部
学部調べ 栄養学部
学部調べ 外国語学部
学部調べ 環境学部
学部調べ 教養学部
学部調べ 薬学部
学部調べ 国際学部
学部調べ 経済学部
学部調べ 農学部
学部調べ 社会福祉学部

※一部品切・改訂中です。 2022.2.